汉译世界学术名著丛书

古代世界的政治

〔英〕M.I.芬利 著

晏绍祥 黄洋 译

商务印书馆
2019年·北京

M. I. Finley
POLITICS IN THE ANCIENT WORLD
© Cambridge University Press 1983
First Published 1983
Reprinted 1984(twice,with corrections),1987,1989
Canto edition 1991,1994

据剑桥大学出版社 1983 年版译出

汉译世界学术名著丛书
出版说明

我馆历来重视移译世界各国学术名著。从20世纪50年代起,更致力于翻译出版马克思主义诞生以前的古典学术著作,同时适当介绍当代具有定评的各派代表作品。我们确信只有用人类创造的全部知识财富来丰富自己的头脑,才能够建成现代化的社会主义社会。这些书籍所蕴藏的思想财富和学术价值,为学人所熟知,毋需赘述。这些译本过去以单行本印行,难见系统,汇编为丛书,才能相得益彰,蔚为大观,既便于研读查考,又利于文化积累。为此,我们从1981年着手分辑刊行,至2012年年初已先后分十三辑印行名著550种。现继续编印第十四辑。到2012年年底出版至600种。今后在积累单本著作的基础上仍将陆续以名著版印行。希望海内外读书界、著译界给我们批评、建议,帮助我们把这套丛书出得更好。

商务印书馆编辑部
2012年10月

芬利与古典世界历史研究

生平与主要著述

芬利(Moses Finley,1912—1986)是20世纪西方最有影响的古史学家之一,初名芬克斯坦因(Moses Israel Finkelstein),1946年才改名芬利。作为美国中产阶级家庭的孩子,他接受过非常正规的教育。1927年,在他刚过15岁生日后不到一个月时,便以优异成绩从叙拉古大学心理学专业毕业。他最初的意图是从事法律,因此大学毕业当年就转入哥伦比亚大学研习公法,两年后获得硕士学位。当他发现法律并非自己所好后,放弃了一个大公司法律部的工作,转而参与哥伦比亚大学《社会科学百科全书》的编写工作,后转向研究社会学、经济学,吸收了马克思、韦伯(Max Weber,1864—1920)、布彻尔(Karl Bücher,1854—1943)等的理论。在此期间,他完成了自己的博士学业,在著名古史学家威斯特尔曼(William Linn Westermann,1873—1954)指导下完成了博士论文《古代雅典土地和信用研究(公元前500年至公元前200年)》,并陆续发表书评和论文,同时开始在纽约城市学院任教。在20世纪30年代芬利为数不多的著述中,特别值得一提的是他对导师威斯特尔曼有关古代奴隶制著作的评论。威斯特尔曼以研究纸草文献起家，专长是希腊化和罗马时代的埃及，主张详尽研究古代有关史料，从中爬梳出有用的史实。芬利则认为，虽然这样做确实可以发现众多的史实，但缺乏真正的理论思考，而且对众多基本问题缺少综合。或许因为两人理论和方法上的差异，当芬利亟需帮助时，尽管威斯特尔曼在学术界享有崇高地位（一度担任美国历史协会主席），而且颇为欣赏学生的才华，却并未施以援手。而芬利在自己后来的著述中，也不免对导师的著作施以恶评，甚至称后者的《古代希腊罗马奴隶制》为"学术上的灾难"。

20世纪30年代德国法西斯上台，美国法西斯运动兴起，芬利协助人类学家博阿斯（Franz Boas，1858—1942）等著名学者发起了声势浩大的争取学术自由运动，可能还参与了美国共产党的活动。在此期间，他研习马克思主义，并与左派知识分子接触密切。二战期间，他在援助苏联部工作。战后，他一度入拉格斯大学任教。但因为他30年代的活动，在50年代初麦卡锡主义高潮中，芬利和他的众多同学、同事一道受到调查，妻子玛丽也受到牵连。指控他的人中，包括《东方专制主义》的作者魏特夫（Karl Wittfogel，1896—1988）。此人1938年曾受芬利夫妇招待，在芬利家中长期逗留，此时却倒戈一击，指控芬利组织共产主义活动。1952年12月，芬利被拉格斯大学解聘。1954年，在经历近20个月的失业后，芬利接到了英国剑桥大学伸出的橄榄枝，与妻子玛丽愤而移居英国，行前卖掉了他们心爱的福特车，而且明确向朋友表示不大可能再回美国。此后,他一直在学术氛围友好的剑桥大学任教,而且确实很少回美国。1962年,芬利正式成为英国公民;1970年,他接替著名史学家琼斯任剑桥大学古代史讲席教授;1979年,他因为自己杰出的学术贡献,受封为爵士(在英国古史学家中,这是少有的殊荣)。值得一提的是,芬利堪称婚姻生活的典范。他与妻子玛丽相识于哥伦比亚大学,1932年结为连理。移居英国后,玛丽健康状况日益恶化,但芬利一直不离不弃地照顾她。1986年6月22日,在料理完妻子的丧事后,芬利回到寓所,四小时后因脑出血陷入昏迷,次日去世。①

芬利主要的研究领域是古代希腊史,但他的著作更多的是以整个古典世界为研究对象。自1953年出版《古代雅典土地和信用研究》以来,他写了大批著作,其中影响较大的有《奥德修斯的世界》、《古代与现代的民主》、《历史的使用与滥用》、《古代经济》、《古代奴隶制与近现代意识形态》、《古代世界的政治》、《古代史》、《古代希腊人》以及一批高质量的论文,还主编了《古代社会研究》、《罗马财产研究》、《古典世界的奴隶制》等著作,成为战后最有影响的

---

① 有关芬利早年生活和学术的资料主要来自 Daniel P. Tompkins, "The World of Moses Finkelstein: The Year 1939 in M. I. Finley's Development as a Historian", in Michael Meckler, ed., *Classical Antiquity and the Politics of America: From George Washington to George W. Bush*, Waco: Baylor University Press, 2006, pp.95—126;王敦书、周爱平:"一代古史名家M. I.芬利和他的史学方法",载王敦书:《贻书堂史集》,中华书局2003年版,第445—455页。

古史学家之一,许多观点至今仍被西方学者奉为正统。[①] 大致归纳起来,芬利在古代史领域的影响,主要体现在三个方面:古代经济、古代奴隶制以及古代世界的政治。

古代经济

尽管近代对古代经济的研究早已开始,经济作为古代历史一部分的重要性,在 19 世纪初的博克(Auguste Böckh,1785—1867)那里也已经得到初步阐释,但将经济发展作为古代历史的一个有机组成部分,并从经济的变化来解释古代历史变迁,应当始自 20 世纪初的迈耶(Eduard Meyer,1855—1931)和贝洛赫(Julius Beloch,1854—1929)。不过两人都是历史循环论者,把古典世界与近代西欧的历史进行了不恰当的类比,将近代话语和模式不加区别地应用到古代世界。他们在古代发现了无产阶级、资产阶级、商人和工厂主;古代世界的一切成就,都被视为"资产阶级"的成就;而古代文明的衰落,被归为以皇帝为首、以农民为主体的军队

[①] M. I. Finley, *Economy and Society in Ancient Greece*, edited with an Introduction by Brent D. Shaw and Richard P. Saller, London: Chatto & Windus, 1981, pp. 312—318 已经编辑了芬利 1979 年之前的主要著述,有兴趣的读者可以参考,这里不再列举。1979 年以后出版的主要著作包括 *Ancient Slavery and Modern Ideology*, expanded ed., Princeton: Markus Wiener Publishers, 1998 (1st ed., 1980); *The Ancient Economy*, updated ed., Berkeley: University of California Press, 1999 (1st ed., 1973); *A History of Sicily*, London: Chatto & Windus, 1986; *Democracy Ancient and Modern*, revised ed., New Brunswick: Rutgers University Press, 1985 (1st ed., 1973); *The Use and Abuse of History*, London: the Penguin Books, 1990 (1st ed., 1975); *Politics in the Ancient World*, Cambridge: Cambridge University Press, 1983; *Ancient History: Evidence and Models*, London: Chatto & Windus, 1985 等。

消灭了古代世界的资产阶级。尽管历史循环论忽视了人类历史发展的阶段性,但它毕竟提出了一套解释古代历史的模式,而且适合了当时正面临西欧工人运动冲击的资产阶级意识形态的需要,在古史学界一度广为流传,并成为20世纪前期最有影响的潮流。

然而,这种历史观的弊病早已为学界洞察。韦伯在其一系列著作中已经指出,与中世纪城市比较,古代城市为消费城市,是战士俱乐部;古代的人是政治动物,经济活动的目的是为了政治和社会地位,而非经济自身。近代的城市是生产性城市,市民因其作为生产者获得市民资格,其追求财富的动机,也是出于经济原因。古代与中世纪或者近代的差别,是本质而非数量。然而韦伯的论证并未获得古史学界认可,20世纪前期唯一使用韦伯理论解释古代希腊经济的德国史学家哈斯布鲁克(Johannes Hasebroek,1893—1957),因为各种原因在教学和学术生涯中遭遇了双重失败,似乎暗示了韦伯理论在古史学界的命运。

战后比较系统地批评古史现代化派的古史学家,是芬利在剑桥大学的同事琼斯(A. H. M. Jones, 1904—1970)。他否认希腊人和罗马人统治东方时期城市获得了广泛发展;所谓的城市化,不过是将原来的某些乡村划归城市,其他一切如故。他关于罗马帝国政府和经济的论文,用更加具体的史料证明,即使在罗马,共和时代国家的收入也主要来自战利品和掠夺,上层阶级的剩余财富几乎完全投向土地;帝国时代,虽然和平有利于贸易,但税收体系又加剧了贫富分化,导致社会购买力下降和市场狭小,因此古代的贸易和市场都相当有限,且主要限于奢侈品。在有关雅典民主政治的讨论中,他指出雅典人的大多数是拥有土地、家资中等的小所有者,少有公民成为商人。就国家的政策论,公民和国家主要关心的,是消费而非生产、进口而非出口;对于所谓的市场,雅典人基本是视而不见。因此,"某些现代学者在雅典政策中读出的商业动机,并将雅典和科林斯的敌对归于对市场的争夺。这类看法,我得承认,是相当非历史的。""要说雅典人关心商人们在哪里出卖他们由雅典购买的商品,根本没有证据。"①琼斯的这些看法,在很多方向预示了芬利和原始派的观点。

  芬利的《古代经济》正是在吸收韦伯、哈斯布鲁克和琼斯已有成就的基础上,从理论和模式上对现代化派古史学发动冲击的力作。与现代化派不同,芬利将整个希腊-罗马世界视为一个整体,而且是与近代经济发展序列不相连续的整体。用他自己的话说,这个世界的范围,从时间上说约当公元前1000年到公元500年,从空间上说,则有一个从巴尔干半岛一隅到囊括整个地中海的发展过程。由于这个世界与近代世界迥然不同,"我们需要寻找不同的概念和模式,它们适合古代经济,但不(或者不必然)适合我们的经济。"②他承认,在如此之长和如此广大的时空范围内,存在着多种不同的经济形态,但仍有理由将其视为一个整体,因为它是一个以农民和农业为基础,而且政治上属于罗马帝国的单一地区,具有共同的文化-心理模式。这个社会的主要居民是农民,在他们那里,等级和地位而非阶级是关键因素,土地是最为重要的财富。这个主要由农民构成的世界,其社会和经济史首先是乡村的历史,农

---

① A. H. M. Jones, *The Athenian Democracy*, Oxford: Basil Blackwell, 1957, pp. 95—96.

② M. I. Finley, *The Ancient Economy*, pp. 27—29.

民的历史。这是一个家庭占据首位、几乎所有人都以经济上的自足为目标的世界。贸易一般规模狭小，并且多为短途贸易，大多数财富来自租金和税收机制。商人和工业家发财的十分稀少，而且在他们确实发财时，也渴望将他们的所得投资于土地。古代存在经济变化，尤其是在罗马帝国，土地稳步地集中到越来越少的人手中，但几乎说不上有经济增长。古代也确实存在城市，但大多数城市规模有限，一般很难超过当地农产品能够供养的范围。罗马那样的大城市是例外，它们总是需要进口粮食以供养它们的公民，所以甚至是帝国盛期的罗马，真正的城市人口也从不曾超过总人口的5%。而且即使是这样少数的大城市，也都是作为消费中心而非生产中心，是依靠自然资源或者剥削周围的乡村兴起，其基础是租税和政治权力，而非经济。因此，将希腊-罗马文明称为城市文明显属错误。城市对乡村的微弱兴趣，在于它们从那里能够获得充足的粮食。除保证粮食供应外，古代国家（即使曾经存在）也少有我们可以称为国家经济政策的东西。

芬利将古代经济置于与近代经济完全不同的时空框架中，创造了一个有关古代经济"能动的、合乎逻辑的体系，它的终结不是因为内部矛盾，而是罗马社会结构与边境上日益增长的外来压力之间的相互作用"；[①]经济置身于社会之中，对地位的关注，既限制了古代的技术进步，也限制了富人利用穷人劳动力的可能，将获利的动机驱逐到社会的边缘，因此，古代人致富的手段不是通过经济途径，而是通过税收、贡金和租金等非经济手段。对贡金和土地的

---

① Ian Morris, "Foreward", in M. I. Finley, *the Ancient Economy*, p. XXI.

追求，造成了古代社会对战争和帝国的狂热。正因为古代置身于社会中的经济完全不同于作为独立自主实体、可以独立进行研究的近代经济，那么，将近代经济学概念应用到古代经济的分析中，无异于缘木求鱼，所以，芬利"既拒绝这种概念，也拒绝这种理路"①。

芬利将希腊与罗马等量齐观、视古代经济为一个整体的做法，引起了古代经济史学界的巨大争论。支持者恰当地认为，古代世界的主要居民是农民，土地是最为重要的社会财富，也是投资的主要渠道。贸易和手工业即使存在，也无足轻重。他们从多个方面将芬利的观念具体化。加恩西(P. D. A. Garnsey)指出，粮食贸易在古代无足轻重，无论是雅典，还是罗马，都主要靠自己的土地满足基本的需要。萨勒(Richard P. Saller)试图证明，古代经济的所谓增长，哪怕是所谓 50% 这样看似很大的增长，在技术基本停滞的条件下，是在数百年乃至上千年的时间中取得的，如果平均到每一年，则不过 0.1% 甚至更低，几乎可以忽略不计。邓肯-琼斯(Richard Duncan-Jones)在他关于罗马帝国时代经济的著作中尝试用具体数据估算罗马经济的总量和发展程度。他从文献和碑铭资料中建立起来的罗马经济总图景，包括粮食产量、价格的变化、人口的变化等，多少印证了芬利的结论："罗马经济仍是一种原始的体系，我们也许有理由将罗马帝国视为'发展中'国家。人口的大部分几乎都从事相对低水平的农业，制造业依靠落后的技术，几乎不曾被组织在大的单元中。尽管有综合性干道网络，但陆上交通仍如此昂贵和低效，以至于经济不可能用其他地区储存的粮食

---

① M. I. Finley, *The Ancient Economy*, p. 34.

缓解内地的饥荒。非常广大的地区货币的统一和较低的关税可能鼓励了海洋商业的增长,但长途贸易的大宗乃是奢侈品和政府物资,而非用于大众消费的便宜货。船速缓慢,且在冬天禁止航行。不曾发展起有效的信用体系,银行不多且是小规模的、孤立的机构。用现代标准来看,对于一个人口达到 5000 万之众的国家来说,其国民生产总值可能极其低下。"①

芬利模式的批评者也不少。批评者的路径大体可以划分为三类:芬利对史实的选择性使用,古代经济的增长以及贸易与商业的作用。第一类可称史实派,批评芬利故意忽视或者曲解了古代的资料,或以偏概全,有意省略了古代经济中的某些现象。在 1975 年发表的有关《古代经济》的长篇书评中,弗里德里克森(M. W. Frederiksen)指出,芬利过于专注理论和模式,而他构建的模式和理论主要来自韦伯。但韦伯的模式意在解释近代欧洲资本主义的兴起,关注的也都是近代经济中存在、但在古代经济中似乎并不存在的方面,如经济理性化和对利润的追求、新式会计和复式记账方法、技术进步和职业专门化等。可是过于关注现代经济的这些方面,有曲解古代史料的危险。② 芬利否认古代存在经济增长的看法,也遭遇诸多批评。在希腊史领域,斯塔尔(Chester G. Starr)的《早期希腊的经济与社会发展》已经指出,公元前 800 年至公元前 500 年间希腊世界人口的增长、大批神庙建筑的出现,表明当时

---

① Richard Duncan-Jones, *The Economy of the Roman Empire: Quantitative Studies*, Cambridge: Cambridge University Press, 1982, pp. 1—2.

② M. W. Frederiksen, "Theory, Evidence and The Ancient Economy", *The Journal of Roman Studies*, vol. 65 (1975), pp. 164—171.

的经济确实有增长。大多数罗马史学者承认,至少从罗马共和国中后期开始,罗马的经济有所增长。继芬利担任剑桥大学古代史讲席教授的霍普金斯(Keith Hopkins)从再分配经济的角度来解释罗马经济的增长。在他看来,随着罗马统一地中海地区,罗马共和国后期与帝国初期的经济,因为帝国总人口的增长,也由于长期的和平,还有帝国赋税体系的需要,形成了以罗马城为中心的统一市场,罗马城犹如整个地中海经济的加速器,以它为中心,出现了一个卫星城网络。这些城市卷入了为罗马城进行的生产并与罗马城贸易。经济的一体化和贸易的发展,人口向城市的流动,让帝国内不同阶层的居民都从中受益。他的结论是:罗马经济确有温和的增长以及一定程度的货币化,尽管经济发展的主要动力是帝国的税收和租金,而非技术进步或者经济总体的腾飞。对理解罗马经济来说,霍普金斯的模式对原始派有某种程度的修正,即承认古代经济有一定程度增长,但其增长模式不同于现代经济,因此赢得了不少支持者。

现代化派并未因为芬利而销声匿迹,却以新现代化派的面貌重提古代工商业的重要性。他们力图强调古代经济确有发展,市场、货币等现代经济学概念,完全可以应用于古代经济的分析,并从商品货币关系的作用、城市在古代的地位等方面,试图消解芬利模式的有效性。麦金莱(David J. Mattingly)和萨尔蒙(John Salmon)主编的《古典世界的非农经济》中,作者们试图从商业、采矿、建筑、纺织等多个领域,证明它们在罗马行省乃至整个帝国经济的发展中扮演了重要角色。他们使用"生产型的过去"来称呼希腊-罗马世界的经济,并论证罗马帝国实现了经济的温和增长。在帕金斯(Helen M. Parkins)主编的《罗马的城市化——超越消费城市》中，不少作者并不赞同将古代城市一律视为消费性城市的论点。她与史密斯(Christopher Smith)主编的《贸易、商人和古代城市》中，更将挑战芬利的原始派模式作为根本任务。该书值得注意之处，一是放大古代世界的眼界，将古代亚述都城阿淑尔和希腊化时代的埃及纳入讨论范围，强调商业在古代经济中发挥的重要作用，二是作者大多可能被视为现代派。他们征引包括西塞罗、普林尼等在内的古代文献，证明贸易和商业对罗马和地中海地区经济的发展具有重要意义，并利用新的沉船考古资料，对公元前125年至公元175年间地中海地区的贸易量进行具体描述和估算，从而证明商品货币关系在古代罗马确实扮演着关键角色。莫勒(Neville H. Morley)的《大都市与腹地》曾引起学术界广泛注意。它以公元前后各200年的罗马与意大利为背景，讨论大都市的罗马对意大利经济的影响。他开宗明义地宣布，虽然罗马是个消费性城市，但不代表它是寄生性城市。他搜罗了大量文献和考古资料，力图证明罗马城、郊区及意大利其他地区实际上是一个相互依赖的经济整体，至少在农业生产中，农民们会根据实际需要调整种植策略，因此经济理性同样存在于古代。所谓的糊口经济之说，不免低估了意大利农业繁荣的程度。最近出版的鲍曼(Alan Bowman)等主编的论文集《计量罗马经济——方法与问题》借用新制度经济学理论，对有关古代经济的争论进行了回顾，并且希望利用新的考古资料，对罗马经济的多个方面进行具体的分析和讨论，把罗马经济史建立在更加坚实的理论和史实基础上，为形成新的综合做准备。在该书的导论中，同样出现了在芬利著作中不太常见的诸如增长、货币化等话语。有必要提及的是,在欧洲大陆上,法国、意大利和德国学者多以批评芬利的原始派模式为基本出发点,肯定古代世界的经济增长和工商业的作用。现代化派对商业和增长的重视,对古代经济多样性的强调,至少对芬利过于单一的古代经济模式,特别是其过度强调古代经济统一和无发展的论点,形成了比较有力的冲击。

历史轮回了半个世纪后,市场和贸易似乎再度回到了古代经济中。必须承认,近30年来的古代经济史研究,在芬利模式的基础上,取得了若干重要进展。原始派、折中派和现代派都各自做出了贡献,让我们对古代经济的很多具体方面,以及研究古代经济史的理论和方法,都有了新的、更加全面的理解。即使是有关古代商业作用的争论,随着新资料的发掘、新理论的提出和新方法的采用,至少使古代经济研究在芬利的基础上有了更多的进展。不可否认,新一代研究者中,不少人以芬利为论战对象。但也正是在这里,体现了芬利古代经济模式的影响和地位:无论你是否赞同芬利的具体看法,都不能不以他的模式作为新的出发点。也是在这个意义上,近30年来的古代经济研究,都笼罩在芬利的阴影之下。

古代世界的奴隶制

芬利有关奴隶制的研究,与其对古代经济的兴趣和希望从整体上把握古代社会的理路有直接关系,与其师承大约也不无关联。如前所述,他在哥伦比亚大学的导师威斯特尔曼的主要著作,就是《古代希腊罗马奴隶制》。他从事学术活动的第一批成果中,有关奴隶制的讨论也占有重要地位。他的第一部著作《古代雅典土地和信用研究》就涉及奴役和奴隶制问题；他主编的第一部著作是《古典世界的奴隶制》。后来，他不断回到这个重要领域，并发表了多篇相关论文，论及古代的债务奴役、奴隶贸易、奴隶制与自由、奴隶制与希腊城邦的形成、奴隶制表现的多样性等。但最能体现其关于古代奴隶制基本观念的，是他晚年出版的《古代奴隶制与近现代意识形态》。

在这部篇幅不大的著作中，芬利并不企图写出古典世界奴隶制的历史，而是尝试解决有关奴隶制的几个基本理论问题：奴隶制研究与意识形态的关系，奴隶制在古代社会中的作用，以及奴隶制在古代社会兴衰的历史原因。在有关学术史的回顾中，芬利敏锐地指出，近代以来的奴隶制研究，无不受到意识形态的影响，体现的是某种意识形态的兴趣，而非奴隶制在古代历史中的实际。他希望从古典社会历史发展的角度，将奴隶制作为古代社会一个有机组成部分，阐释奴隶制在古代社会的兴起、主奴关系以及奴隶制的衰落问题。他认为，相对于其他形式的依附劳动者，奴隶具有三个最为显著的特征：法律上，奴隶是主人的财产，即奴隶不仅完全丧失对自己劳动的控制，而且丧失了对自己人身和人格的控制权；这种丧失在时间上的无限性，即被奴役的状态会延续到他的孩子、孩子的孩子身上，除非主人通过解放单方面打破链条。最后，奴隶完全被剥夺了亲属权，他本人是一个彻底的外来者，他的家庭（如果有的话）随时会被拆散、出卖。因此，尽管奴隶制是人类奴役史上的普遍现象，但奴隶社会的产生（即奴隶达到某一社会人口总数的四分之一左右）却需要一定条件，具体说来是三个："首先，在一个农业主导的世界上，是土地的私有，而且需要足够的集中，以至于需要家庭之外的劳工作为永久的劳动力……其次，是商品生产和市场的充分发展……第三，是一个消极条件：缺乏内部劳动力供应，迫使劳动雇佣者转向外人。所有三个条件必须同时存在，如同在公元前6世纪的雅典和其他希腊共同体以及最晚到公元前3世纪的罗马那样。"① 就罗马来说，土地私有制和土地集中从共和国初期就已开始，需要额外的劳动力，但作为罗马公民主体的大多数人是独立农民，经常需要服兵役，而且由于思想上的原因，并不情愿也不可能经常受雇，所以土地所有者只能转向外来劳动力。由于罗马征服意大利，贵族侵占大片公有地，以及罗马战争的频繁，让奴隶制在罗马得到迅速发展。到公元前3世纪后期，奴隶成为大规模生产中的主力，为罗马显贵提供了主要收入来源，因此公元前后的两个世纪，罗马确实可以称为奴隶社会。

芬利重点讨论的第二个问题，是奴隶制与人道的关系。出于宗教或者意识形态的原因，不少西方学者倾向于强调奴隶受到的人道对待，甚至认为奴隶制是希腊和罗马文明走向繁荣过程中所付出的必要代价。于是，古代文献中出现的个别奴隶受到善待，或者奴隶忠诚于主人的事例，被视为两者之间存在人道关系的例证。芬利对此显然不屑。他明确指出，作为一种社会制度，奴隶的财产地位，已经决定了他的身份，尽管作为"一份有灵魂的财产，一个非人，然而却又无法磨灭的生物学意义上的人类，人们期待存在制度性的程序，以贬低和削弱他的人性，从而将其与并非财产的人类区

---

① M. I. Finley, *Ancient Slavery and Modern Ideology*, p. 86.

别开来"①,奴隶之受到肉体上的惩罚和虐待、称呼上的卑下,以及在被解放过程中和获得解放后相对于主人的低下地位,乃是奴隶制度的必然产物。至于奴隶在个别主人那里受到的相对较好的对待,享有一定程度的自由,组建家庭,乃至于最后获得解放,一律出自主人单方面的善意,与人道无关。甚至罗马专门给奴隶提供一天做主人的节日,也不过是为了强调奴隶与自由人之间的差别,是将奴隶制度制度化的一个必要组成部分。芬利特别强调,我们必须将个别主人对个别奴隶或多或少的人道对待与作为制度的奴隶制的非人道区别开来。

至于奴隶制的衰落,在芬利看来也相对简单。他否认基督教和斯多葛派的主张对奴隶制的衰落发挥过任何作用,也不承认马克思主义关于先进生产力与奴隶制不相适应的论述(因为从罗马帝国后期到查理大帝时代,西欧的生产在各个领域都出现了严重衰退),而认为应当从社会总体的变化去解释奴隶制的衰落:奴隶制存在和发展的条件不复存在。尽管罗马帝国时代土地私有和大地产仍然存在,有产阶级的地产和财产规模都较共和国时代扩大,但帝国的赋税和军队,将原本自由的农民一点点地变成了依附劳动者,到后戴克里先时代,乡村劳动者无论是在事实上,还是在法律上,都变成了一个统一的依附劳动者阶级,从而为地主提供了必需的劳动力;在城市中,原本作为奴隶制的商品经济基础消失。于是,"奴隶制不再支配乡村中的大生产,城市中的大生产为国家工场统治,奴隶不再提供精英阶级主要的财产收入了。只有在家庭

---

① M. I. Finley, *Ancient Slavery and Modern Ideology*, p. 95.

内,他们仍然突出,那个金字塔的顶层,如今变成了宫廷的宦官。"①

无论我们是否赞同芬利有关奴隶制的具体论证,他尝试从社会整体、从历史发展来解释奴隶制兴衰的努力,都值得肯定。正因如此,他关于奴隶制的著作获得了多方肯定,并且直接激起了对古代奴隶制的进一步研究。芬利之后,奴隶制作为西方古典文明中的一个根本性因素基本为西方学术界接受,基督教消灭奴隶制的道德化解释,至少在古史学界不再流行。更重要的是,芬利的研究,激起了西方学术界对奴隶制问题的重视。罗马时代的奴隶起义、主奴关系、奴隶制与罗马社会关系的研究,不再仅仅是马克思主义史学家的"专利",也不再是与马克思主义论战的需要,而是从理解希腊罗马社会的基本特征出发,从历史角度,根据新的资料和理路加以研究。德·圣·克瓦尔(G. E. M. de Ste. Croix)关于希腊阶级斗争的名著中,征引了芬利多篇有关奴隶制的论文(当德·圣·克瓦尔写作时,《古代奴隶制与近现代意识形态》尚未出版);继芬利之后研究罗马奴隶制的布莱德利(K. R. Bradley),循着芬利的路径,继续对古代罗马奴隶制与奴隶起义、主奴关系、奴隶制对罗马社会的影响等进行探索。其他学者的著述,包括有关奴隶制的一般论述,也都或多或少地受到芬利的影响。

古代世界的政治

芬利对古代世界政治的兴趣,主要集中在古代的民主与罗马

---

① M. I. Finley, *Ancient Slavery and Modern Ideology*, p. 149.

共和政治上。从60年代初他发表"雅典人民领袖",经《古代与现代的民主》,再到晚年的《古代世界的政治》,几乎所有的论证,都围绕着古代世界的民主与共和,用芬利自己的话说,是"城邦政治",就地域范围论,"我唯一关注的是自主统治的城邦,有时也关注自称的城邦(不包括君主政治和希腊僭主政治)。这意味着从古风时代晚期——大体上从公元前7世纪中期开始——至亚历山大大帝征服或者稍后的希腊世界,以及从公元前5世纪中叶至晚期共和国的罗马世界。"[①]从《古代世界的政治》实际论述看,他关注最多的,仍然是古典时代的雅典民主政治和罗马共和政体,几乎所有内容,都围绕着雅典与共和时代罗马的政治生活展开。其他城邦,包括他提到的埃特鲁里亚人城市以及希腊其他重要城邦如科林斯等,则很少涉及。其原因一是因为资料限制,我们对它们的内部政治所知甚少,而芬利对古代流传到今天的资料,又抱着比较批判的态度。另外一个原因,也许是因为这些城邦在后来历史的发展中,影响并不是那么显著,且大多可能为寡头统治,不对芬利的胃口。对于希腊化世界的君主国、罗马帝国,以及古代埃及和两河流域的各类由君主统治的政治机体,他抱着近乎鄙视的拒斥态度,直接将它们从自己的讨论中剔除:"在'皇帝之决定即具有法律之效力'(*Quod principi placuit legis habet vigorem*)的原则占统治地位的地方——即使只是精神上的,那也只是候见厅的管理而非议院的管理,因而在我的意义上没有政治可言。也就是说,尽管元首政治期间存在议事,但最终的而且实际上不受约束的政策决定权

[①] M. I. Finley, *Politics in the Ancient World*, pp. 11—12.

在于一个人,而不在于投票者(甚至不在于组成元老院的区区几百人)。"①

芬利相当推崇古典时代的雅典民主政治,其《古代与现代的民主》就利用雅典直接民主的实例,反驳当今政治学界流行的所谓寡头统治铁律和精英政治理论。他明确指出,雅典人居住在一个大约1000平方英里的地区,其面积和今天英国的德比郡或者卢森堡差不多。而雅典的成年男性公民,在公元前5世纪的绝大部分时间里,从来没有超过4万到4.5万。"这些数量如此之少且居住集中在小的居民群体中的人,过着一种典型的地中海式户外生活,所以古代雅典是面对面社会的典型,这种类型的生活,也许对我们这些生活在一个大学共同体中的人来说熟悉,但在一个城市的范围内是闻所未闻,更不用说是在国家范围内了。"②所有公民居住在一个狭小的地区,而且相互熟悉,是雅典民主不同于近现代社会的一个基本特征。

这种面对面社会所产生的第一个后果,是这些小共同体组成的社会主要使用口头而非书面语言,领袖和群众之间保持着密切的联系。"关于公共事务的信息主要由使者、公告栏、闲谈和谣言、不同委员会和集会——它们组成了政府机构——上的口头报告和讨论发布。这样一个世界不仅仅是缺乏大众媒体,而是根本就没有今天意义上的媒体。政治领袖们因为缺乏能够保密的文件(偶尔的例外除外),也缺少他们能够控制的媒体,因此必然和他们的

---

① M. I. Finley, *Politics in the Ancient World*, p. 52.
② M. I. Finley, *Democracy Ancient and Modern*, p. 17.

选民保持着直接而紧密的关系,所以也就处在选民直接而紧密的控制下。"①

面对面社会所产生的第二个后果,也是更重要的后果,是公民对政治的直接参与。首先,除了几个职员外,古代的民主根本没有官僚机构,国家真正的主权机构,是所有公民都可参与的公民大会。这是雅典民主政治下真正的无冕之王,"对有关战争与和平、媾和、财政、立法、公共工程,总之,有关政府活动的各个方面,享有最后的决定权,它是一个数千人的户外集会,是那些年满18岁且在规定日子里选择出席的公民的集会。"②在公民大会之外,议事会是公民参与的另一个重要渠道。这个由500人组成、每年抽签当选的机构,在雅典国家中承担着非常重要的任务,举其大者,包括为公民大会准备决议草案,提出初步的处理意见;主持公民大会,可能还有清点投票和公布通过的决议;接待外来使节并将他们介绍给公民大会;监督公民大会决议的实施;负责官员日常的监督,判决某些司法案件。按照雅典法律的规定,一个公民一生中最多可两次出任议事会议员。尽管它不是由雅典全体公民组成,而是由每个部落通过抽签选举的50人组成,看起来更像全体雅典公民的代表大会,但它并非现代人心目中的代表机构,"雅典人遵循的不是代表原则,而是轮换原则,所以进一步强化了公民大会的直接民主。"由于议事会由500人组成,且抽签选举,极少连任,"在任何一个十年中,三十岁以上的公民全体中的四分之一到三分之一

---

① M. I. Finley, *Democracy Ancient and Modern*, pp. 17—18.
② ibid, pp. 18—19.

担任过议事会议员,全年(原则上)每天出勤,并在该年度十分之一的时间里作为所谓的主席团(prytaneis)全勤。"①议事会担任主席团期间,会每天通过抽签,选举产生一名主席,享有崇高的地位和荣誉。"绝对真实的是,每个雅典男孩出生之后,担任公民大会主席的机会,要超过赌徒掷出某个点的机会。"②另外,我们不应忘记陪审团。雅典陪审法庭每年会产生6000名陪审员,只要是雅典公民,都有机会当选为陪审员。陪审团负责雅典以及雅典帝国(公元前5世纪提洛同盟存在期间)大小案件的审理;到公元前4世纪,陪审法庭还获得了对公民大会决议的审议权。它在雅典的重要性,在阿里斯托芬的一个喜剧中以搞笑的方式表现出来。当有人向一个雅典公民展示世界地图时,这位公民觉得不可信,理由只有两个:一是雅典在地图上太小,与他心目中雅典国家的地位不相称;另一个,则是他没有看到那里有陪审法庭开庭。如果议事会和公民大会让雅典公民熟悉了国家的日常事务,陪审法庭则把裁决公民以及公民与外人纠纷的权力,交给了全体雅典公民。另外,雅典成百上千的官员,除将军等少数外,绝大多数都以抽签形式选举产生,并且对几乎所有公民开放。这些官职数量不大,地位也并不显赫,但每年数百人轮换,让雅典公民熟悉了国家的日常管理。我们或许还可以补充的一点,是雅典国家绝大多数职位都有津贴,也就是说,一个智力和体力都能够胜任公职的公民,不会遭遇因参与政治而忽视个人事务以至于影响养家糊口。对于以农业为基础、

---

① M. I. Finley, *Politics in the Ancient World*, p. 74.
② M. I. Finley, *Democracy Ancient and Modern*, pp. 19—20.

绝大多数公民不过家资中等的雅典社会来说,津贴制确保了公民特别是贫穷公民对政治的参与。因此,对芬利而言,如此众多的参与渠道,既鼓励了公民对国家事务的参与,消除了所谓的政治冷淡,也让公民有能力、有资格管理国家。①

所以,我们不能用今天的标准来衡量面对面社会中雅典人的文化水平和参政能力。如果按照今天的标准,绝大多数雅典人可能连半文盲都算不上。柏拉图和修昔底德在批评雅典民主时,正是以此为依据的。但是,芬利通过对西西里远征的分析,认为这种观点事实上没有多少根据,因为在公民大会召开之前,公民们已经就相关问题在各种场合进行过讨论和争论;在公民大会中,也不缺少了解相关情况的专家。他们会向雅典公民提出恰当的建议。所以,声称公民大会受到群体无理性的影响,或者指责雅典公民缺乏治理国家的能力,是不了解雅典民主机构运作的实际:正是那些在公民大会中进行辩论和投票的人,将承担相关决议的执行及其产生的后果,他们几乎从出生开始,直到生命的终点,都不断接触国家的管理和政治,对国家事务的了解,远超现代人的想象。这些人肯定既不是暴徒,也不是群氓,而是具有治理国家能力的公民,并且正是在民主政治时代,雅典人击败了波斯的入侵,建立了提洛同盟并长期保持了在希腊世界的领导地位。尽管在与斯巴达进行的大战中遭遇失败,但雅典人迅速从失败中恢复过来,公元前4世纪再度成为希腊世界的一流强国。所以,"在我刚刚简单描述的政府

---

① M. I. Finley, *Politics in the Ancient World*, pp. 75—82; M. I. Finley, *Democracy Ancient and Modern*, pp. 3—37.

体制下,在将近 200 年的时间里,雅典是希腊世界最繁荣、最强大、最稳定、内部最为和平、文化上最有成就的国家。就关于政体的有效判断来说,这种制度是成功的。"①

以面对面社会理论为基础,芬利对有关雅典人民领袖的看法进行了清理。修昔底德和柏拉图等古典作家给我们描绘的人民领袖,就个人形象论是缺乏教养,就治理国家论缺乏能力,从而导致了国家的衰败,特别应当为雅典在伯罗奔尼撒战争中的失败负责。他们的存在,曾经让不少雅典民主政治的辩护人感到难堪。格罗特(George Grote,1794—1871)致力于将他们塑造成民主国家中合法而有能力的反对派,毕竟过于现代化;德国学者霍麦(Adolf Holm,1830—1900)和英国学者琼斯都避开了这个问题,前者强调雅典公元前 4 世纪的强大和道德的仍然高尚,后者力图证明公元前 4 世纪的雅典仍然稳定和有教养。可是,人民领袖的产生及其功能并未从根本上得到解决。芬利则以他对雅典历史和制度的把握,从雅典民主政治的内部运作机制,特别是雅典公民大会的权力、组成、议事程序和决议的通过等方面论证。在他看来,人民领袖的存在、内部的派别之争,并非雅典民主制度的痼疾,恰恰是该制度得以运转的保证,是它的基本特征。每次出席公民大会的成分可能会有波动,而所有的问题,又都需要在当天的会议上做出决定,"因此,我们不仅要考虑到空间的有限,还要考虑时间有限所产生的压力,特别是对领袖(或者未来的领袖)产生的压力。"②有时

---

① M. I. Finley, *Democracy Ancient and Modern*, p. 23.

② M. I. Finley, "Athenian Demagogues", in M. I. Finley, ed. *Studies in Ancient Society*, London: Routledge, 1974, p. 12.

虽然听众的成分没有变化,但是出席者的情绪可能会发生戏剧性的改变。"在这样一个由数千听众组成的户外集会上所进行的赢得投票的辩论,意味着演说,而且是在该词严格的意义上。因此,将雅典的政治领袖称为'演说家'是完全准确的。"① 同时,无论是听众还是演说家都知道,当天必须进行表决,而且做出决议,所以"每次演说,每次论证,都必须努力说服现场的听众"。雅典的"领袖们没有任何喘息时间,因为他们的影响只能靠争取,而且是直接地、立刻地行使,这是不同于代表制民主的直接民主一个必然的后果:他们需要亲自领导,还必须承受来自反对派的正面攻击。比这更严重的,是他们孤独地行动着。他们当然有自己的助手,政治家们也会相互结盟。但是,这些本质上都是人际联系,经常改变,在通过某一个甚至一系列具体决议时有效,但缺少由政党和官僚支持所具有的支撑或者引导效果……关键在于没有近代意义的政府。当时确有职务和官职,但它们中的任何一个在公民大会中都不是经常性的。一个人是一个领袖,完全取决于他个人的,或者说在这个词字面的意义上,在公民大会中的非官方身份。他是否拥有那个身份,就看公民大会是否会按照他的愿望投票。因此,他每提出一个建议,他的地位就要接受一次考验"②。

在这种政治条件下,所有的雅典领袖,无论他们是出身贵族,还是出身平民;无论他们的动机如何,也不管他们是否具有能力;如果他们希望获得影响,都必然要赢得公民的支持。"所有这一切

---

① M. I. Finley,"Athenian Demagogues", p. 13.
② ibid, pp. 16—17.

都引向一个非常简单的结论,即:人民领袖——我是在中性的意义上使用这个词——是雅典政治制度中的一个结构性因素。我这样说的意思是:如果没有他们,这个制度根本不能发挥作用。第二,这个词同样可以应用到所有领袖身上,无论他们来自哪个阶级,持何种观点。第三,在一个相当宽泛的意义上,对他们个人的评价不应该根据他们的风度或者他们的方法,而是他们的成就。"① 从公元前 508 年雅典民主建立以来,所有的雅典领袖,都可以说是这样的政治领袖。对于他们,"我们不能采用双重标准:我们不能在赞扬和钦佩它两个世纪的成就时,同时却否定政治框架设计师和政策制定者的人民领袖,或者是这些领袖通过其发挥作用的公民大会。"② 在这个意义上,修昔底德所提出的、后来不断被近代学者重复的谬论——伯里克利以后的雅典政治家均是蛊惑者,雅典的人民总是被蛊惑者们牵着鼻子走——也不攻自破。

罗马共和国政治研究长期以来为德国学者统治,自 20 世纪初格尔泽尔(Matthias Gelzer,1886—1974)的《罗马的显贵》出版以来,中经塞姆(Ronald Syme,1903—1989)的《罗马革命》,到战后的斯卡拉德(H. H. Scullard,1903—1983)的《罗马政治》和格律恩(Erich Gruen,1935—)的《罗马共和国的最后一代》,贵族的庇护制和帮派一直被视为解释罗马共和国政治史的钥匙。

芬利对罗马共和政治研究的观点主要体现在《古代世界的政治》中。在这部以讨论希腊罗马世界政治生活为主题的著作中,芬

---

① M. I. Finley,"Athenian Demagogues", p. 21.
② ibid, p. 25.

利比较全面地分析了古代国家的性质、精英与大众的关系、民众参与的影响、政治制度和意识形态的作用等多个方面。具体到罗马共和国,芬利首先承认了罗马作为城邦的地位。他借用亚里士多德和西塞罗等的记载,指出古代作家明确承认古代国家是贵族与大众、穷人与富人冲突的战场,不管是穷人还是富人,都有强烈的阶级意识。不过他仍然认为,尽管与雅典比较,罗马共和国存在着众多的不同,但它也是一个公民集团组成的城邦,具有城邦的一般特征。因此,在他的笔下,古代西亚、埃及那样的君主专制地区,元首制下的罗马帝国,都不大可能存在政治,那里虽然存在着讨论和争论,但最终的决定权属于某个君主或者个人,不是选民。但在希腊城邦和罗马共和国,尽管两者在领土、制度、社会结构、内外政策诸多方面都存在这样那样的不同,但那里都存在真正意义上的"政治"。"通过讨论、争论,最终以投票做出约束性决策。""它们都有一个共同因素,那就是民众的参与。因此,无论政治领袖们是什么人,也不论他们是如何取得其地位,都不仅被迫在他们自己之间进行策动,而且被迫调动民众的支持以达到各种目的。这就是政治。而史学家们强调公民大众缺乏主动性,然后总结说因此他们'实际上'不起多少作用,这种做法回避了所有问题。"[①]

民众参与决定了罗马政治与希腊政治的相似。由于民众的广泛参与,像雅典等希腊城邦的政治一样,罗马领导层的政治活动是一种全职活动、一种生活方式,精英阶层需要为了赢得支持展开疯狂竞争;民众对政治的影响,尽管因为参与受到多重限制无法发挥

---

① M. I. Finley, *Politics in the Ancient World*, pp. 52, 63.

有效作用，但罗马公民通过上街游行、骚乱和暴动，能够向精英阶层施加压力。在那里，因为精英与大众之间的利益分野，像在雅典一样，存在着因为具体的利益产生的各种各样的政治冲突。即使是罗马史学家一般认为相对平静的时期，即公元前200年至公元前167年，不管是在精英内部，还是在精英和大众之间，都发生着或者激烈，或者缓和的冲突。所有这些冲突，也不都是精英阶级内部的争斗，而有着等级和阶级利益的纠葛。事实上，在任何一场有穷人参与的政治冲突中，总有土地和债务问题卷入其中。候选人之间政纲上是否存在本质性的不同，在芬利看来并不那么重要，因为只要选民认为某人的当选可能对他的利益产生影响，并据此投票，就不能说不存在政治上的选择和斗争。公元前2世纪初罗马对酒神信徒案件的处置，表明在罗马同样存在着众多公民参与国家事务的意识形态。也正是由于这个原因，古代政治的一个重要特征，是战争构成了生活的一个常规部分。因为精英阶层为了缓和民众的不满，不能不照顾民众的需要。而在当时的社会和经济条件下，只有通过成功的战争，将贫穷公民送往他处殖民（或者用其他名目安置），才有可能。所以，古代扩张最为成功的两个国家，即罗马和雅典，也正是内部政治最为稳定的两个国家，并非巧合。

不过，芬利更加关注的，似乎是雅典与罗马之间政治生活上的差异。罗马国家疆域过大，人口太多，不足以成为雅典那样一个面对面社会；虽然有成文法，但法律的解释从未民主化；贫穷的农民需要国家支持，但罗马从无雅典那样的公益捐助制度，也不曾给公民提供必要的经济援助，导致贵族庇护盛行；罗马的官职从无薪给，且是选举而非抽签产生，穷人无力问津，也根本没有机会和能力出任；罗马虽有民众大会，但元老院未经民主化改造，是个精英阶级的集会；公民大会受到高级官员控制，且无对高级官员问责之权，致使民众对政治的参与受到严重限制，罗马人民只能通过非制度的途径，例如街头骚乱等，偶尔发挥作用；宗教崇拜为精英阶层控制，成为操纵政治的工具。上述种种，让罗马共和国从官职到政治都被精英阶级控制。如果说希腊的灭亡完全是因为弱小的城邦与强大的马其顿不在一个等级上，罗马共和国的灭亡，则源自它制度上的弊病。城邦结构不适合统治帝国，并不足以说明共和国的灭亡。更重要的是，罗马征服与剥削的成果为一小撮显贵独享。庞大的资产，在增加了斗争筹码的同时，也强化了精英阶层的傲慢，最终让领袖们愿意向罗马进军。另一方面，作为共和国支柱的公民，却发现从公元前2世纪中期开始，付出与收益日益不成比例。战争日趋激烈，兵役成为穷人沉重的负担；国家夺得的土地飞速增多，可是，公有地的分配与殖民却停止了；贫民处境急剧恶化，国家却不曾采取任何措施缓解。于是，成千上万的罗马公民和意大利人情愿追随将领，以获取他们无法从国家得到的救助；也愿意为了他们的领袖，像对罗马的敌人作战一样，与其他罗马军队厮杀。此时的政治对于民众而言已经不再具有工具效用。只是斗争最终的结局，不仅是共和国的终结，也是古代政治的末日。

  毫无疑问，芬利有关罗马共和国政治的讨论，虽然因其总体史方法有自己的独特之处，但显然受到布朗特(P. A. Brunt, 1917—2005)等的影响，而且20世纪后期以来对罗马共和国政治性质的讨论，主要也为布朗特、米拉(Fergus Millar, 1935—)和塞姆等的观点与方法左右。大量著述都从他们设定的前提出发，以证明罗马政治或者民主,或者寡头,或承认罗马制度中具有民主因素,但受到社会结构等因素的严重遏制。不过,芬利有关罗马共和国政治的讨论,在恢复了罗马共和国作为城邦的地位,承认其具有民众参与因素的同时,强调了罗马政治斗争的阶级和等级性质,并在比较中彰显了罗马政治的贵族特性。像其关于古代经济与奴隶制等的著述一样,芬利注重从整体来把握罗马政治运作的制度、社会结构内涵,具有相当的合理性。其关于古代国家阶级特性的论述,也显示了马克思主义的影响。正是在芬利等的影响下,古代罗马共和国政治生活的研究再度活跃起来,而阶级和等级利益,也再度回到罗马政治的讨论中。

作为剑桥大学古代史讲席教授,也作为20世纪后期英美最有影响的古史学家,芬利对罗马共和政治的研究受到学术界普遍重视。在列举那些批评塞姆人物志方法和冰封寡头体制论的学者时,诺斯(John North)首先提到了芬利,接着是德·圣·克瓦尔、米拉、霍普金斯,尤其是布朗特。在诺斯笔下,这些人都是"重量级史学家",他们勾勒出的新的罗马共和国政治生活"更加具有现实色彩,也更加有趣",对传统的冰封寡头论形成了真正的挑战。尽管诺斯批评的重点是布朗特和霍普金斯,但芬利有关雅典与罗马差异的论述,仍获得诺斯首肯。[①] 而在新近出版的关于罗马共和国政治的论著中,尽管罗马共和国政治中的民主因素得到不同程度的承认,但芬利关于雅典与罗马之间差异的论述,似乎更受人青

---

① John North, "Democratic Politics in Republican Rome", *Past and Present*, No. 126 (Feb. 1990), pp. 3—21.

睐。莫斯坦因－马科斯（Robert Morstein-Marx）和莫瑞特森（Henrik Mouritsen）等人从实际政治运作的角度揭示了精英阶层对民主因素的具体限制，在很多方面可以视为芬利论证的发展和具体化。正是在布朗特、米拉和芬利等人的冲击之下，冰封寡头理论开始动摇，罗马共和国政治生活复杂性的一面，更准确地说，是罗马政治的城邦特征，获得了更深入的探讨。因此，最近30年来罗马共和国政治史研究的进展，与芬利的贡献不无关系。

关于译文

本书的翻译，由我们共同承担，其中黄洋承担前言、目录和第1—3章，晏绍祥承担第4—6章以及索引。两人各自完成译文后，相互校正。我们的原则，是尽可能忠实于原文，传达出作者的原意。尽管如此，芬利行文的简约和高度的概括性，仍让我们颇为困扰，译文中难免留有不少不够准确甚至错误之处，恳请读者不吝批评指正。本书翻译过程中，多年好友王明毅兄帮助联系版权和出版事宜，责编杜廷广、郑殿华先生负责编辑和排版等具体事务，为本书的最终面世做了许多有益工作。对上述各位的帮助，两位译者深表谢意。

晏绍祥

2012年7月

目　录

前言 ·· 1
第一章　国家、阶级与权力 ······································ 3
第二章　权威与庇护 ··· 32
第三章　政治 ·· 65
第四章　民众参与 ·· 89
第五章　政治问题与冲突 ······································ 123
第六章　意识形态 ··· 154

参考文献 ··· 180
索引 ··· 185

前　　言

本书的基础是1980年5月我有幸在贝尔法斯特女王大学发表的四次威尔斯讲座（Wiles Lectures）。其中四章在这四次讲座的基础上修改而成，第二章和第六章是后来写成的，以更简短的形式在丹麦皇家科学人文学术院的C.雅科布森纪念讲座上首次公开发表（并于1982年初刊载于学术院的《通讯》上）。

英文中"政治"（politics）一词的词义范围和其他西文中的同义词有些不同。一方面，"政治"通常并不用于表达"政策"的意思；另一方面，它更多地意味着政府管理和政府决策的正式与非正式方式及其相应的意识形态。这个意义上的政治正是我的主题。

据我所知，此前并没有关于这个主题的专著。过去二十余年间我一直关注这一问题，并发表了一些论文。我发现它并不是个简单的问题，尤其是在我决定以比较的方式讨论希腊和罗马之后。因此我毫不迟疑地借用了朋友们和同事们的知识和思想。我对他们致以诚挚的谢意，不过在此我只能提到阅读过本书初稿并进行过评论的人，他们是托尼·安德鲁斯（Tony Andrewes）、彼得·布朗特（Peter Brunt）、约翰·邓恩（John Dunn）、彼得·甘瑟（Peter Garnsey）、威尔弗里德·尼佩尔（Wilfried Nippel）和迪克·韦特克尔（Dick Whittaker）。我还要不指名地一并感谢我的同道们，其中大多数人来自贝尔法斯特,他们中有历史学家和政治学家,但也有少数专门的古代史家。按照威尔斯讲座的习惯做法,他们应邀参加讲座当晚的座谈,对当天的讲座进行广泛的讨论。还有许多同事参与了期间的热情款待,其中为首的是校长彼得·弗罗格特博士(Dr. Peter Froggatt)、威尔斯基金的代表阿兰·阿斯汀(Alan Astin)和大卫·哈克尼斯(David Harkness)。

道格拉斯·马修斯(Douglas Matthews)热心地为本书准备了索引。

最后,在我勉力写作又一本书的时候,我妻子表现出了无穷无尽的耐性。

M. I. 芬利

于剑桥达尔文学院

1982 年 9 月

第一章　国家、阶级与权力

亚里士多德在《政治学》第三卷中（1279b6—40）写道："僭主政治是为着统治者利益的个人统治，寡头政治是为着富人利益的统治，民主政治是为着穷人利益的统治。"接着他进一步解释了这个定义："对于寡头政治和民主政治来说，是少数人统治还是多数人统治纯属偶然——无处不是富人少而穷人多……民主政治和寡头政治的真正区别是贫穷和富有。"

19世纪末，纽曼（W. L. Newman）在其杰出的《政治学》注疏中观察到，亚里士多德在此提出了"对一个重要真理的明确认识"，因为现代盛行的社会契约论国家理论"掩盖了我们对亚里士多德早已指出的事实的认识，即一个国家政体的根基在于现代人所称的它的社会体制之中"。① 更为确切地说，亚里士多德对古典希腊人广泛（也许是一致）接受的一个常见的、但仍然相当松散的认识进行了系统表述。这一认识弥漫于他们的文献，见于诗人、史学家、宣传家（pamphleteers）以及政治哲学家的著述中，从赫西俄德对"吞噬礼物的"王公及其枉曲裁决的愤怒抱怨，到改革家梭伦（Solon）的自夸，"我站立着，以一只强有力的盾牌保护双方〔富人

---

① W. L. Newman, *The Politics of Aristotle* (4 vols., Oxford 1887—1902) I 223.

和穷人],不容许任何一方不公正地胜过另一方",再到柏拉图(Plato)冗长地坚持说,即便在他那个时代的堕落之前,雅典过去那些伟大的领袖如米尔提阿德斯(Miltiades)、地米斯托克利(Themistocles)、客蒙(Cimon)和伯里克利(Pericles)也不过像是糕点师,填满了普通民众(demos,德莫斯)的物质欲求。①

在此,"德莫斯"一词(以下译为"人民")的含义是模棱两可的,但彼此密切相关:一方面,它意味着作为整体的公民群体,如同希腊民主公民大会的正式法令的开头所言——"人民决议如下";另一方面,它意味着普通民众、多数人、穷人,如同柏拉图在《高尔吉亚篇》中所言及的。② 拉丁文中的"人民"(populus)一词具有同样的双重含义。然而在特定的语境中,其用法并没有不确定性:希腊罗马作家和演说家自在地从一重含义变换到另一重含义,其意思明白无误;而当他们对民主政治持批判态度的时候,他们则随心所欲地在双关意义上使用 demos 和 populus,其意思同样明白无误。这两种语言也都富有委婉说法,尤其是希腊语。这些委婉词语和包含它们的文献一样一边倒。希腊作家使用字面含义"有用者"(或"有价值者",chrestoi)、"最好者"(beltistoi)、"有权势者"(dynatoi)、"有名望者"(gnorimoi)、"出生高贵者"(gennaioi)等词语代替"富人",用"多数"(hoi polloi)、"卑劣者"(cheirones)、"无赖"(poneroi)、"乌合之众"(ochlos)代替"穷人"。在拉丁文中,"好人"(boni)和"最高尚

---

① 分别见 Hesiod, *Works and Days* 248—264; Aristotle, *Constitution of Athens* 12.1 所引梭伦诗歌和 Plato, *Gorgias* 502E—519D.

② 有关文献证据见 S. Cagnazzi 载于 *Quaderni di storia* 11 (1980) 297—314 之论文.

者"(*optimi*)对立于平民(*plebs*),即"大众"(*multitudo*)、"低劣者"(*improbi*)。①

当然委婉词语也可以是模棱两可的。在不少文献中其字面含义与其象征性含义重叠,乃至压倒其象征性含义。例如西塞罗(Cicero)抱怨说——他的确经常抱怨,而且使用不同方式——许多"好人"的行为不像"好人"。然而事实仍然是,"富人"和"穷人"这样的翻译比起字面的翻译通常更好些。因此,古代政治语言证实了亚里士多德的"重要真理",即国家是利益冲突和阶级冲突的场所(这已不在纽曼的表述之中)。任何希腊人或罗马人都不会否认这一点,无论他们在政治论争中多么经常地表达相反的意思(在这一点上他们和现代的政客不无相同之处)。希腊政治思想家试图探求理想国家,其中对所有人幸福生活的追求超越了冲突,但是他们坚定地认为,无论是在过去还是在当时,都没有现实的国家达到或甚至是接近这样的目标。尽管梭伦用盾牌的比喻说明他的改革,但他也不例外。他的盾牌比喻的是他本人,而非雅典国家。他被赋予了改革雅典的任务,以削弱富人谋求自己利益的权力。他宣称做到了这一点,而且并没有将太多的权力转移给穷人,以免他们反过来谋求**自身**利益。因此他承认了阶级和阶级冲突的核心地位。

然而,初看出人意料的是,许多现代阐述者和历史学家似乎没有注意到希腊人和罗马人在此一问题上的说法。目前标准的亚里

---

① 我的列举并不全面。关于希腊作家的用法,见 Loenen(1953)7—10 的简短讨论;关于拉丁作家的用法,见 J. Hellegouarc'h, *Le vocabulaire latin des relations et des partis politiques sous la République* (Paris 1963) pt iv 的全面讨论。

士多德《政治学》研究——包括对第三卷的注疏(也包括纽曼的注疏)——并未讨论本章开头所引那段根本性论述的意味,尽管亚里士多德的整部著作都把它作为主旨加以复述。① 历史学家们所关注的是古代政治行为的真实情况,而非观念和理论,但他们同样也不能假装纽曼所说的"重要真理"毫不相关,因此他们经常采用其他回避的或轻视的说法。首先,他们承认在希腊和罗马古风时代恶劣的旧日子里,贵族垄断了权力,贪婪而卑劣,但这毕竟是成长时期,是"前国家"时期。然后,他们把下一个时期即古典时期的政治史看成是总体衰落和堕落的时期,特别是在阶级利益公开表现出来的时候。维克多·埃伦伯格(Victor Ehrenberg)在论及古典希腊时写道:"在许多地方,这种社会冲突以变成派系争斗而告终,威胁到作为公民共同体之城邦的存在本身。"②贬损性的标签大量存在,有些来自古代的史料,例如煽动家、派系、乌合之众;另一些则是现代历史学家发明的,例如温和民主和激进民主。

罗马历史则更为麻烦,尤其是罗马共和国最后一个世纪的历史。其时(以及关于其时的)罗马演说家和作家如此明确地表现出阶级意识,以至于只有最受蒙蔽的现代历史学家才会对于阶级区分保持完全沉默。必须采取积极行动减少这恼人的情况。我将讨论两个例子。

第一个是现代历史学家所称的"元老院最后决议"(*senatus consultum ultimum*),这个决议意味着共和国处于危险之中,并号

---

① 比较 *Politics* 1281a12—19, 1289b29—32, 1290a30—b20, 1291b2—13, 1296a22—32, 1296b24—34, 1315b31—33, 1317b2—10, 1318a31—32。

② Ehrenberg (1976) 154;比较 Spahn (1977) 25—26。进一步讨论见下文第五章。

召高级行政长官采取所有必要的防卫行动。然后"颠覆"分子被看成是国家的敌人和歹徒（有时被正式宣布为歹徒），因此而更毋庸置疑地不再有权受到法律的保护，尤其是不再拥有接受正式审判的权利。明确而有据可查的这类例子共有十个左右，出现在公元前121年至公元前43年间，即共和国的最后一个世纪里。我们将要看到，其时武装暴力或是武装干涉的威胁严重扭曲了城邦政治的实质。那几次"元老院最后决议"公然违反长期遵守的判处公民死刑的程序，致使成千上万的罗马人被屠杀。诚然，盖约·格拉古（Gaius Gracchus）在公元前121年带领武装支持者占领了阿文丁山丘（Aventine），萨图尔尼努斯（Saturninus）和喀提林（Catiline）在公元前100年和公元前63年也分别带领着武装团伙。但是在十余年以前（公元前133年）盖约·格拉古之兄提比略（Tiberius）的死令他警惕，后者被一群元老及其扈从乱棍打死，**而彼时执政官拒绝采取"紧急"措施，元老院亦未做出"最后决议"**。盖约认为统治阶级失去了以传统方法进行统治的信心，已准备采取新的方式，并不是不合逻辑的。他们的确这么做了，发明了"元老院最后决议"。

关于这个专题的大量现代著述主要集中于宪法问题，倾向于避免讨论"危害国家安全"包含什么意味这个中心问题。① 带有敌意的古代文献通常回答说，格拉古兄弟试图建立僭主统治，现代学

---

① 十分冗长而传统的讨论见 Ungern-Sternberg（1970）。A. Guarino, "Senatus consultum ultimum", 载 *Sein und Werden im Recht. Festgabe für Ulrich von Lübtow...*, ed. G. Becker and L. Schnorr von Carolsfeld (Berlin 1970), pp. 281—294 对"元老院最后决议"及相关的现代研究都进行了恰如其分的贬损。

者也经常重申这一说法。① 关于这一指控的证据即使不能说不存在,也是如此不足信,以至于在较少带有意识形态色彩的论述中,就会立即弃用它。② 另一个古代传统出现在两位后来的希腊作家普鲁塔克(Plutarch)和阿庇安(Appian)的著述中,他们把格拉古兄弟和元老院的斗争看成是富人和穷人(这正是他们使用的确切词语)持续不断的冲突的一个阶段。对此贝迪安(Badian)评论说:这仅仅是"闲言碎语,而一些学者仍然把它当做可信的证据。它不过是'冲突'(stasis)的俗套,纯粹是一种文学表述方式,对历史学家几无用处"。他提出,富人并非都如此富有,而且许多穷人对格拉古兄弟的改革措施无动于衷,而且越来越不抱幻想。③ 无疑是如此,但同样的说法也可运用于整个历史上任何一次公开的阶级或利益冲突。事实仍然是,土地改革和债务压力不仅导致了元老院针对格拉古兄弟所采取的"紧急状态",也导致了后来的几次"元老院最后决议"。而且最简单地说,元老院否决的改革措施有益于(或者会有益于)穷人,而有损于富有公民。况且仍无可争议的是,元老院僭取了决定何时才是如此严重的紧急状态的绝对权利,以至于实际上剥夺了罗马公民的根本权利。简言之,元老院把自己等同于共和国了。

当然,元老院也像后来所有的政府机构和政客一样,坚称(我会退一步说,是相信)他们所采取的行动是为了公共利益,而非为了富人或是寡头集团的利益。西塞罗写道(《论共和国》,I.19.31):"提比

---

① 例如 Badian (1972)。
② 请注意 Badian (1972) 722—726 为回避其观点的这一弱点所做的努力。
③ Badian (1972) 707,716—720.

略·格拉古之死及其此前担任保民官之时的全部行为,使一个公民群体分裂成了两个部分。"即使以西塞罗的标准,这也是极其不诚实的话,不过在这一点上他并没有退缩。他多次说道,西庇阿·那西卡(Scipio Nasica)以私人名义采取行动杀死提比略·格拉古,为国家做出了巨大贡献。① 偶尔统治集团内部良心上的内疚也被记录下来,其中就有西塞罗本人的(《反喀提林》,I.1.3),但仅仅是因为西庇阿的行为如此公然违法。很少有人质疑国家是否真的受到威胁,或者是否真正需要武装镇压,或者决定权是否应该在元老院。而这少量的质疑也明显是出于派系原因。

考虑到罗马政府的结构和史料的性质,文献所记录的罗马人的反应是可以想见的。也许更为出人意料的是,除了少数例外,现代历史学家都如此毫无保留地接受罗马"官方的"观点。② 林托特(Lintott)得出结论说,"元老院最后决议""在原则上"是"一个有益的制度",尽管实际上在它保护下行事的行政长官的"态度"变得"更为傲慢和极端","很容易被怀疑是具有派性倾向的,也通常有理由如此怀疑"。③ 这是用一种奇怪的方式说,这个"有益的制度"经常被用来维持统治阶级的权力。另一位历史学家在其论述的末

---

① *De officiis* 1.22.76; *Tusculan Disputations* 4.23.51; *Orations on His House* 34.91.——原注

西庇阿·那西卡是公元前133年带头杀死提比略·格拉古及其支持者的元老。——译者

② 一个值得注意的例外是 A. Guarino 在对 Ungern-Sternberg(1970)的评论中所表达的观点,载于 *Labeo* 18(1972) 95—100;"Il'Notstandsrecht des Senat'non è il 'Notstandsrecht'della repubblica"(p. 96)。亦见 R. E. Smith,"The Anatomy of Force in Late Republican Politics", in Badian (1966) 257—273。

③ Lintott (1968) 173.

尾援引西塞罗为自己处死喀提林派而进行的辩护——他是"以元老院的权威(auctoritas)以及'好人'的一致赞同而采取行动的"(《关于家宅的演说》,35.94)。这位历史学家然后评论说,尽管使用"好人"一词使他的话具有"很强的贵族(Optimate)色彩",不过"公共舆论"是执行"元老院最后决议"的必要条件,"对于元老院和人民以及高级行政长官来说,即使是在紧急状态下(的确正是此时),决定性的指导原则必须是:人民的安全是最高法律(Salus populi suprema lex esto)。"①

我在此关注的不是评判格拉古兄弟危机的严重程度,抑或是其他采取类似镇压行动的情形的严重程度,而是在我所举出的分析中所隐含的国家概念,尤其是对亚里士多德所阐述的"重要真理"的否定。② 我所要讨论的第二个例子是对于罗马民法程序的研究,选择这个例子也是出于同样的关注。

1966 年,凯利(J. M. Kelly)出版了《罗马的诉讼》一书。用一位评论者的话说,它"围绕着一个主题展开,即尽管从西塞罗到查士丁尼(Justinian)的文献都表达了正义的理想,但法律程序和实践明显反映了罗马社会的严酷现实,而没有能调和富人与穷人的分歧"。③ 令人吃惊的是,到 1966 年才出版了第一本全面研究罗马民法程序的实际运作的著作。同样令人吃惊的是,一些表示赞许的学者大肆花费笔墨,将它的重要性降低到几乎可有可无的地

---

① Ungern-Sternberg (1970) 131. 引文见 Cicero, *Laws* 3.3.8。
② 有些学者会随口承认,然后在分析中却完全忽视,这并不能反证我所提到的否定态度。例如 Badian (1972) 716:"当然,百人团大会偏向于富有阶层是真的。"
③ M. W. Frederiksen, in *Journal of Roman Studies* 57 (1967) 254.

步。我所指的并非他们使用的标准的挫伤性用语——诸如"毫无疑问,此一个案有着相当的证据累积",但"中心观点言过其实",或者"不过我认为"(通常意味着"我没有反驳证据"),而是他们集中于讨论司法方面的欺诈和腐败。马克斯·卡泽尔(Max Kaser)的另一种说法令人发笑,他认为只要我们承认法学家们具有道德纯洁性,行政长官的腐败就无所谓了。① 但凯利著作的主要关注点并非在于此。克鲁克(Crook)和斯东(Stone)直指问题的核心,他们区分出两个问题:"其一,法律的执行是否公正?其二,法律本身的范型——即规范条文及程序——是否是社会不平等的工具和反映?"②

在我看来,对他们第二个问题的回答再明显不过:当然罗马法律的"范型"和历史学家探讨过的所有法律体系一样,都是社会的工具和反映,因此也是社会不平等的工具和反映。如果就此直接诘问历史学家,可能很少有人会否认这一点。这和那些罗马法的研究者不同,他们赞不绝口地说,罗马法学家"本能地害怕经济方法与法学方法的融合"。③ 但似乎很少历史学家经常受到诘问(或

---

① M. Kaser, in *Zeitschrift der Savigny-Stiftung für Rechtsgeschichte*, *Romanistische Abteilung* 84 (1967) 521.

② 见他们对 Kelly (1966) 的评论,载 *Calssical Review*, n. s. 17 (1967) 83—86;参见 G. I. Luzzatto 载于 *Studia et documenta historiae et iuris* 32 (1966) 377—384 和 R. Villers, "Le droit romain, droit d'inégalité", *Revue des études Latines* 47 (1969) 462—481 的评论。

③ Lübtow (1948) 475. 出自有名的罗马研究专家的这一长篇论文以反证法论证了仍然占统治地位的观点。因此 F. Schulz, *Principles of Roman Law*, trans. M. Wolff (Oxford 1936), p. 24 写道(为 Lübtow 所引用):罗马"法学著作忽视了法律和法律以外问题的一般联系……经济考量并不进入法律"。此说中从法学家的说法到法律本身的范型之间的偷梁换柱十分明显。

诘问自己),他们一般乐于仅仅讨论克鲁克和斯东提出的第一个问题,并停留于腐败和管理不善这个没完没了的领域之内。因此,他们默然帮助保全了一个古老的神秘说法,即法律超然于社会及其现实之上,具有其自身的本质、自主的逻辑及其独立的存在。同样,国家亦是如此。在其标准的关于希腊国家的论著中,埃伦伯格告诉我们:"正是维拉莫维兹(Wilamowitz)明确认识到,寡头政体和民主政体仅仅是同一类国家的不同形态,这类国家的特征是全权公民拥有'主权'。"那么这段话的意思仅仅是说"真正"的希腊城邦不是君主制。① 而我认为像这样把所有国家简单划分为两类,一类的主权在于个人,另一类的主权在于"公民"(无论如何定义它),在分析中毫无用处。更糟的是,认为国家的特征(甚至几乎可以说定义)是全权公民的主权,这种认识几近于"罗马人民即罗马国家"(das römische Volk ist der römische Staat)这样的废话。②

此处并非对国家进行理论阐述之所,为着本研究的目的,只要阐明一些基本而明显的条件设定就已足矣。首先,在政治研究中,国家和政府的区分没有意义。除了政治玄学家以外,任何政权中的公民(或臣民)都把两者等同起来,即使在革命情形下也是如此。哈罗尔德·拉斯基(Harold Laski)在一本我想已无人问津的著作即《国家的理论与实践》(*The State in Theory and Practice*)中,业已很好地阐明了这一点:

---

① 分别见 Ehrenberg (1976)第 97 页和第 87 页。
② Lübtow (1948) 481.

第一章 国家、阶级与权力

> "公民只能通过政府接触国家……他从……政府行为的特征来推测国家的性质,除此以外他无法了解国家。这就是为什么若不把政府行为看成是解释的中心,那么任何国家理论都是不够的。国家即其政府的所作所为。既有的理论认为,为实现国家的理想目标,政府所应该的作为不过是……评判它的标准,而非其实际本质的标志。"①

古代世界的情况尤其如此。因为不存在作为中介的官僚阶层,公民个人直接与政府——包括立法者、行政官员和法庭——进行接触。

政府和国家意味着内部权力和外部权力,这是我的第二个条件设定。在此我并不立即关注权力之"权力"(*potestas*)意义和"权威"(*auctoritas*)意义的区分(下文会关注)。权力并不仅仅是强制,但国家权力是独一无二的。当其代理人认为必要时(在法治国家同时也是合法时),它拥有得到认可的行使武力乃至处死的权利,因此国家权力压倒了社会中的其他所有"权力"。毫无疑问,时下发表大量关于权力著述的政治学家和社会学家们会认为这一表述幼稚而嗤之以鼻,实际上他们的著述把这一认识消解为灰烬了。② 而一些人类学家则要求一种"不带文化偏见的观点",能够考虑到政治决策不"对社会产生约束"的政治组织以及"没有政府

---

① Laski (1935) 57—58.
② 例见 S. Lukes, *Power: A Radical View*(London 1974)的参考文献。

机制的政治单位"。因此,他们也会否定这一表述。① 然而我相信,除此以外很少有人会觉得难以理解或者难以接受我的第二个设定。而且我要关注的是国家权力在古代世界的表现方式,而非正式的定义。

第三个简单设定是统治者及其统治方式的选择依赖于所讨论的特定社会的结构。我们所讨论的社会的一个核心特征是奴隶的大量存在,另一个核心特征是希腊人对公民权资格的严格限制,第三个核心特征是妇女被排除在外,不能以任何形式直接参与政治或政府活动。因此经常会出现这样的观点,即谈论古代史上任何时候的民主、权利和自由都是错误的。在我看来,这似乎错误地理解了历史探究的特性,把它降低为一种按照历史学家自身价值体系来进行赞许或批评的游戏。道德谴责无论多么有基础,都不能代替历史分析和社会分析。即使"多数人"事实上还是总人口中的少数,"少数人统治"和"多数人统治"仍是有意义的选择,不同派系所宣称的自由和权利也是值得为之斗争的。②

---

① 分别见 W. W. Tiffany,载 *Political Anthropology*,ed. S. L. Seaton and H. J. M. Claessen (The Hague 1975),pp. 70 and 65,以及 M. Gluckman,*Politics*, *Law and Ritual in Tribal Society*(Oxford 1965),84。(我有意选择了并非 Finley (1975) 113—115 页中批评过的例子)。人类学家的有效驳斥见 M. C. Webb,"The Flag Follows Trade...",载 *Ancient Civilizations and Trade*,ed. J. A. Sabloff and C. C. Lamberg-Karlovesky(Albuquerque 1975),pp. 155—209;参见 W. G. Runciman,"Origins of States: The Case of Archaic Greece",*Comparative Studies in Society and History* 24 (1982) 351—377。

② 荒谬的是,作为一名古史学家,我必须明说我不应该被禁止使用像"派系" (faction)和"被保护人"(client)这样好的英文词语。因为拉丁文中的 *factio* 和 *cliens* 是专业术语,和对应的现代词语具有细微差别而加以反对是迂腐的。

至此为止，我有意讨论了亚里士多德（或者说纽曼）的"重要真理"并运用了他的术语，以反击时下把每一种运用阶级观念的政治分析都贴上马克思主义标签的坏习惯，①它无视这样一种分析方法具有悠久历史，自亚里士多德始即以这样或那样的形式存在于西方政治分析之中。② 同时我也在松散的意义上使用"阶级"一词，就像我们在通常的话语中习惯使用的那样。亚里士多德的"富人"和"穷人"是这样的阶级，虽未定义，但却能为当时的人所理解。③ 穷人包括所有为其生计而劳动的自由人：拥有其土地的农民以及佃农、无地的佣工、自谋生计的手工业者、小商贩。他们一方面和依靠他人劳动过着舒服生活的"富人"区分开来，另一方面也和赤贫者、乞丐和游手好闲者区分开来。④ 显然不能把一种简单的二元分类说得太过，尤其不能把它变成社会学上可接受的阶级结构。亚里士多德本人有时在特定语境中把这种分类进一步细化，提到农民或牧民或手工业者。偶尔他也显得乐用"中间阶层"（to meson）一词，但这时他仅仅是关照到其著名的信条——这对

---

① 只要引述一下西利（R. Sealey）的说法就足够了。他说贝洛赫（Beloch）和德·圣·克瓦尔（de Ste Croix）就"雅典政治冲突的马克思主义"叙述"赋予了经典的形式"，见其"The Entry of Pericles into History"，*Hermes* 84 (1956) 234—247, at p. 242. 德·圣·克瓦尔现在把亚里士多德变成了一个马克思主义者，见其 *The Class Struggle in the Ancient Greek World* (London 1981), pp. 69—80。

② 见 Hintze (1962) 425—426。这是一篇由一位杰出的德国政治史家最初在 1913 年发表的论文。他不同于他那个时代的人，非常关注马克思主义观点的重要性。

③ 见 Nippel (1980) 103—105。

④ 见 Finley (1973a) 40—42 及其参考书目。在此书中我提出"地位"和"等级"在古代经济分析中比"阶级"更有用。而本书中我回到了"阶级"一词（是在普通话语用法的意义上，而非专门意义上，无论是马克思主义的还是其他的），但这并不意味着我改变了观点。我只是发现在讨论古代政治时，这一常用的词语更为方便而且无害。

其生物学和伦理学著作具有核心意义——即中庸是自然的、最好的,而无论过度偏向哪一方都是紊乱的。① 在《政治学》中,"中间阶层"仅出现于少数规范性总结——如"大邦因其'中间阶层'较大而免于内乱"——而并无太大实际意义,因为"在大多数国家'中间阶层'很小"(1296a9—24)。②

因此我们必须限于使用富人和穷人这一对古人使用的词语,坚持避免把一个有其自身特定利益的较大中产阶级这一现代产物移植到古代。尽管古代的阶级或次阶级在与其他阶级的冲突中,通常(或甚至经常)并没有作为一个阶级来思想或行动,最突出的是在战争和帝国问题上没有如此,但是有时候也有足够的阶级或者某个特定部分如此做过。那时古代作家一贯的框架表述都是城邦分裂为两个斗争的阶级,而非三个。亚里士多德以不赞成的口吻总结道(《政治学》,1310a3—10),"平民领袖总是把城邦分成两部分,向富人发动战争",而在寡头政治国家中寡头派则发誓:"我们将敌视人民(demos),以所有方式损害他们。"对我来说,这就足以说明阶级、阶级意识和阶级冲突的存在了。随着我们分析的展开,更为具体和明确的例子将会显现出来。

---

① 见 S. R. L. Clark, *Aristotle's Man* (Oxford 1975), pp. 84—97。
② 《政治学》(1289b28—32)中说有三个阶级,即富人阶级、穷人阶级和中产阶级。富人阶级拥有重装步兵装备,而穷人阶级没有。但他却没有限定中产阶级的条件(重装步兵装备)。就亚里士多德而言,这种不连贯是十分异常的。它有助于证实我的判断,即亚里士多德有时机械地把自己的中庸理论注入这本著述,然后很快又抛之脑后。我强调这一点是因为 Christian Meier (1980)以这个在我看来是虚构的中产阶级(见下文第二章58页注②)为轴心分析了希腊的政治发展。他的学生 Spahn (1977)又长篇大论地扩展了他的分析。

第一章 国家、阶级与权力

至此,我多少随意地在希腊和罗马之间来回穿行。这种随意性随后将会消失,但此前,是否能把希腊和罗马纳入一个单一的论述体系这一点本身已受到挑战(我指的是针对拙著《古代经济》),因此我必须接受这样一些反对意见。① 我现在的主题是政治,更为明确地说,是城邦政治。② 出于将要在第三章开头讨论的理由,我唯一关注的是自主统治的城邦,有时也关注自称的城邦(不包括君主政治和希腊僭主政治)。③ 这意味着从古风时代晚期——大体上从公元前7世纪中期开始——至亚历山大大帝征服或者稍后的希腊世界,以及从公元前5世纪中叶至晚期共和国的罗马世界。读者不必对我偏离常规的希腊罗马史分期感到迷惑不解,因为那是一个人为的框架(希腊史尤其如此),不适用于对古代社会诸重要方面的分析。④

"城邦"这一标签本身就意味着存在足够的共同因素,使我们有理由把希腊和罗马合起来讨论,至少作为分析的出发点。然而,早自最初的历史记载出现于传说中的史前时代开始,城邦就已有了重要的区别,而此后分野愈益加大,尤其是在罗马征服与扩张开始削弱城邦体制之后。"古代"这一单一标签并不意味着不同区域

---

① 例如 J. Andreau, "M. I. Finley, la banque antique et l'économie moderne", *Annali... Pisa*, 3rd ser., 7 (1977) 1129—1152。

② 英文的 city-state 并非希腊文中 polis 的贴切翻译,但却是常见的译法,而且便于将罗马包括在内,但用 polis 一词指罗马则不恰当。

③ 我会在第三章开头部分阐明不包括君主制的原因。僭主被排除在外,是因为他们没有尝试将自身的位置制度化,因而一直处于"城邦的结构之外"。见 D. Lanza, *Il tiranno e il suo pubblico* (Turin 1977), pp. 163—164。

④ 关于罗马法律史和传统分期时间上的不一致,见 Finley (1975) 64—66。

或不同民族之间的一致性,甚至亦不意味着长时段内的一致性。只要对比一下希腊世界内部的雅典和斯巴达,或是克里斯梯尼改革前和伯里克利之后的雅典就足以说明问题。随着讨论的深入,大量的延续性和重大的差异会同时显现出来。而相比起把观察的视野缩小到单纯的希腊或罗马来说,对希腊和罗马进行比较分析会使得这些差异更为清晰可见,也更有意义。毕竟哈里卡那苏斯的狄奥尼修斯(Dionysius of Halicarnassus)在《罗马古代史》(5.65.1)中就曾这么做过,他让一位公元前5世纪的罗马人号召元老院向梭伦学习。西塞罗也曾这么做过,他以柏拉图的著作为"模式"撰写了《论共和国》和《论法律》。

在我们故事的开头,希腊城邦和罗马的社会结构具有显著的相似性:它们都是农业社会,其间在希腊罗马古风历史上起核心作用的公开的阶级冲突,经常爆发于土地贵族债主和欠债的农民之间,而且总是他们之间的冲突。① 前者垄断了权力和权威,无论是形式上还是事实上皆如此。"贵族"又是一个意义含糊的词语,但在此我们所讨论的是一个严格意义上的等级,那些贵族家庭这样看待自己,而且亦为其他贵族家庭所认可。这在罗马最为明显,标志是一个封闭的贵族等级的出现(其起源已无法追溯)。在希腊则不那么确定,也许仅仅是由于史料的局限。不过一些家族经常宣称祖先为"英雄"或神明,这种做法可能指向贵族身份,对此我们不能轻视。贵族集团也占有了大部分财富,现代学者以其规模不大的理由低估这一点的做法亦应受到抵制。财富总是一个相对的概

---

① Weber(1972)797—798 强调这方面和中世纪城市的不同。

念。重要的是古风时代的希腊罗马贵族控制了足够的资源和人力（此亦为财富的成分），足以为他们自己提供武器装备和战马，进口金属和其他必需品，并且有时提供必要的船运，还有建造石头的庙宇和其他公共建筑。据载公元前458年，高傲的贵族辛辛那图斯（Cincinnatus）在自己仅两英亩半（4犹格拉，*iugera*）大的农庄里耕地时受到召唤，以拯救罗马于军事危机（李维，3.26.7—12）。这个传说向我们透露了后来罗马的意识形态（而希腊人缺乏这样的故事，这也透露出他们意识形态的不同）。就公元前5世纪罗马的真实情况而言，这个传说的作用仅仅是严重误导我们。

毫无疑问，一些贵族由富变穷；更为重要的是，一些贵族集团以外的人获得了足够的财富，以至于觉得他们有资格参与权力的垄断。对这个过程我们可能完全不得而知，但对结果则有所了解，这要归功于几个事件。例如在雅典，梭伦出于各种目的，于公元前594年将公民群体划分成四个财产等级，其目的之一是划定担任公职的资格。从形式上而言，这意味着打破了世袭等级的独有权利，尽管贵族家庭仍然主导着以财富决定的新的统治阶级，至少在一段时间内如此。在此有两点值得注意：一是梭伦的四个"等级"资格完全是由农业收成确定的，二是其中三个"等级"保留了传统的标签，即骑士级（*hippeis*）、双牛级（*zeugitai*）和贫民级（*thetes*），但第一即最高的等级称为"五百斗级"（*pentakosiomedimnoi*）。这个明显人为的新创词语象征了梭伦改革的财权政治性质。

在罗马，财权政治原则也大致在同一阶段被引进政府（和军队）系统，并且如此牢固地确立起来，以至于尼科莱（Nicolet）正确地称罗马为"等级之城"(cité censitaire)。① 对于第一阶段的史料记载全部是后来的,而且充斥着年代错置,在我看来似乎已不可靠到了无可救药的地步。② 然而,贵族等级之外的人逐渐获得担任高级官职的资格(始于"享执政官权力之军团长"一职),贵族和平民通婚的合法性得到认可(传统上定年在公元前445年),这些却是无可置疑的。两者都确凿地意味着存在富有平民(就专用术语而言,平民意指贵族以外的所有公民)。罗马贵族集团是个非常缺乏弹性的等级,吸纳外人的唯一方式是贵族家庭正式收养男子,这一郑重的行为需要获得国家许可。因此,古风时代的平民群体也不得不成为一个等级,类似于中世纪意大利的"平民党"(popolo)。③

在希腊则没有类似的如此完全的对立,至少没有证据表明存在类似平民等级的群体。不过就实际的政治而言,这种差别很快就减少到了最低程度。就我们现在的讨论而言,重要的是在我们分析的出发点,罗马的平民及其希腊的同类——他们是公民人口的主体,且大部分是农民——已经在财富和地位上分化开来。在随后的几个世纪里,不仅贫富分化大幅加剧,而且社会结构也进一

---

① Nicolet (1976).

② 相关的讨论以百人团为中心。对它的简明讨论见 Staveley (1972) ch. 6 (除了有一部分偏离正题,对公元前4世纪末一次所谓的流产了的工业化革命进行讨论之外,其余部分中规中矩)。Nicolet (1976) ch. 7 更具发散性,内容更为广泛,同时对后来的罗马史料也更持怀疑态度。两者都提供了足够的参考文献。亦见 Nicolet, "L'-idéologie du système centuriate et l'influence de la philosophie politique grecque", *Quaderno* 22 of the Academia dei Lincei (1976), pp. 113—137。在我看来,甚至 Nicolet 也过于接受文献传统的真实性。

③ 见 Weber (1972) 779—781。

步多元化。希腊各城邦的发展速度和规模各有差异,但总的发展速度和规模则和罗马大相径庭。罗马封闭的贵族等级为一个新的显贵集团(*nobilitas*)所取代,它不是完全世袭的,而且从未形成制度化的"等级"。随着贵族家庭逐渐消亡,它吸纳了"新的"家族(*gentes*),其中日益壮大的大部分都是古老意义上的平民。① 进入这一贵族集团的途径通常是某个"新贵"(即此前其家庭不属于贵族圈子者)当选为执政官。自然而然,新贵的人数足以填补古老贵族等级按照从不更改的古老规则无法填补的空缺。他们来自于一个巨大的富有群体。这个富有群体通常拥有土地财产,在罗马城以外的自治城市和地区主宰了地方政治,在罗马则为贵族集团提供了稳固的支持。罗马共和国较晚出现的特别利益集团——尤其是"公共承包人"(*publicani*,即收税人和公共工程合同持有人)——有时在政治中加入次要的复杂因素,但说他们导致了上层阶级内部的阶级冲突则是现代学者的谬见。②

在讨论的过程中,我们将在需要的时候考虑这个或那个发展变化。在此只要列举城邦中的主要变量即已足够。这包括人口的多少和领土的大小,自然资源(尤其是谷物、金属和木材),在功能和利益意义上而非居住规模意义上的城市化程度,奴隶和非公民自由人的基础经济结构,财富的规模和来源等。然而,所有这些城邦都有一个共同特征,即都把农民、手工业者和小商贩纳入到政

---

① 然而,直到共和国末期,贵族家庭成员一直被禁止担任平民保民官之职。贵族出身的尤利乌斯·恺撒的经历就是例证。

② 例见 C. Nicolet, *L'ordre équestre à l'époque républicaine* 1 (Bibliothèque des Ecoles Françaises d'Athènes et de Rome 207, 1966), pp. 255—269。

治共同体之中,作为其成员和公民。即连那些既没有打仗义务,也没有打仗特权的人也被纳入其中,强调这一点十分重要。他们最初并不是(在一些社会中从来不是)全权成员,即古典希腊和罗马意义上的公民。但是即使是这有限的认可在历史上也是没有先例的。它的标志是一种非常具有创造性的政治划分,即国家划分成更小的领土单位,在雅典和其他希腊城邦是"村社"(demes),在罗马则是"部落"(tribes),其中大部分处在农村。① 对于希腊和罗马政治的任何描述,都必须对这一激进的社会—政治创新给予适当的认可。

另一个变量也需要予以讨论:一些国家获得了对相对广阔的外国领土的控制,要么完全兼并它,要么统治和剥削它,而并不正式(或甚至实质性地)破坏其独立性,或是在不同地方采取不同程度和性质的控制。从现有史料来看,只能对三个案例进行分析,它们分别是斯巴达、雅典和罗马,但有理由认为这一重要变量并不存在于其他城邦(也许除了罗得斯[Rhodes]和时断时续地在忒拜及帖撒利以外)。而在这三个国家中,其经济、社会和政治后果都极为不同。

在拉科尼亚(Laconia)地区,斯巴达的体制在黑暗时代的起源和发展都已不可追溯。然后在公元前700年之前,斯巴达采取果断行动,征服了美塞尼亚(Messenia),并将其居民变成黑劳士。这使得斯巴达公民群体在黑劳士强制劳动的支持下,转变成一个封

---

① 见 Weber (1972) 800—801。尽管明显是出于同一词源,但拉丁文中的"部落"(*tribus*)一词不包含血缘成分,和人类学意义上的英文词语"部落"(tribe)没有共同之处。见下文第二章和 55 页注③、59 页注①。

闭的全职士兵阶级。在镇压了大规模而顽强的黑劳士起义之后,这个过程于公元前600年左右得以完成。斯巴达的这一体制有其缺陷和异常之处,例如在公民这一精英群体内部保存了一个贵族阶级,还有像所谓"劣等人"(*mothakes*)和"新公民"(*neodamodeis*)这样奇怪的身份,但这不应妨碍我们的分析。

雅典早期历史的重要方面也同样难解。例如,我们并不知晓整个阿提卡(约两千五百平方公里)是何时和如何合并成一个城邦的,在这个城邦中雅典人和马拉松、埃琉西斯以及阿提卡其他村庄的成员之间没有地位的差异。其他希腊城邦都没有如此大的领土和人口基础(不包括斯巴达通过征服形成的不同性质的领土)。除了库克拉底群岛中的小岛西弗诺斯(Siphnos),也没有其他任何希腊城邦在其领上上拥有大型银矿这样的不可估量的优势(雅典拥有阿提卡东南部劳里昂[Laureion]的大型银矿)。古代作家一致认为,雅典的银矿是其水师扩张的关键,而正是这支水师使雅典在希波战争中扮演了决定性角色,[1]也是这支水师推动雅典在希波战争后立即着手建立一个海上帝国。之前在庇西斯特拉图的僭主政治时期,雅典也采取了一些扩张主义行动,在达达尼尔海峡地区建立起准军事定居点。但却是公元前5世纪建立的帝国才使得雅典成为一个征服国家。从严格意义上说,雅典并没有获取太多领土,只是从臣服国家没收了一些飞地,作为雅典人定居之处,而臣服国家则保留了很大的独立性。然而,这一帝国使雅典的公共收

---

[1] J. Labarbe, *La roi navale de Thémistocle* (Bibl. de la Fac. de Philos. et Lettres de l'Univ. de Liège 143, 1957), pp.10—17罗列了相关史料,第一章中还进行了令人难以忍受的冗长讨论。

入增加两倍以上,使其得以实施大型水师建设计划和建造其他公共工程。这些开支的大部分由帝国的收入支付,其余则由富有公民承担。帝国收入至少也部分地为许多贫穷公民提供了雇佣机会,其中主要是通过在水师中服役。

无论是在性质上还是在规模上,罗马的发展则愈益不同。从一开始罗马共和国就尽其所能,完全兼并了一些相邻地区,这意味着使其领土变成罗马领土(ager Romanus),其公民成为罗马公民群体的一部分(不过随着时间的推移,罗马人给予他们的权利有着微妙差异)。到公元前3世纪初,罗马完全征服波河以南的整个意大利之时,罗马公民群体业已大大超过鼎盛时的雅典公民群体,而后者已是希腊城邦中最大的公民群体了。但是罗马并没有止步,尽管它已经拥有了至此为止城邦世界所见过的最大陆上帝国。在罗马共和国的最后三百年里,罗马军队不在外作战的时间可能不超过十余年。有人估算,在共和国的最后两个世纪里,任何一年中平均都有百分之十三的成年男子在打仗,在有些年份甚至高达百分之三十五。[①] 毫无疑问,这些数字是大约的,但即使给予其合理的误差空间,这些令人吃惊的数字也不失其意味,如此高的比例在历史上可能都是绝无仅有的。

不可避免的后果当然是社会的根本性变化。大土地所有者拥有的土地数量达到了从前不敢想象的地步,其所依靠的奴隶劳动力队伍的规模也是前所未有的。罗马不断将公民权成批授予拉丁

---

① Harris (1979) 9—10, 256—257;Hopkins (1978) 31—35. Brunt (1971b)的详细分析对了解公元前225年至公元14年的情况是基本的。

人、意大利"同盟者"和其他群体,而公民的被释奴则几乎是自动被授予公民权,这使得业已和亚里士多德的城邦理想(以及城邦制度的运作)不相适应的"罗马人"人数进一步大幅膨胀。① 第一代被释奴仅有有限的权利。其他的公民中,越来越多的人居住在距离罗马很远的地方,严重阻碍了直接的政治参与,仅富人及其随从不受影响。与此同时,相当一部分农民被迫放弃其土地,这个过程比学者们通常理解得要更为复杂。移居城市的人口不断增加,尤其是移居到罗马的人口。对罗马城人口的计算大体只能是猜测,但一个指标似乎具有精确性。在恺撒成为独裁官的时候,罗马城有资格免费分到粮食的公民人数达到了三十二万(斯维托纽斯[Suetonius]:《恺撒传》,41.5)。

所有这些军事活动代表的都是权力,即狭义上对外施加的武力。然而我们所关注的主要是国家的内部运作。它具有什么样的力量,使它能够在许多它制定规则的行为领域执行其决策呢?古代城邦并没有警察队伍,仅有一小群公有奴隶,供包括从执政官到市场监察在内的不同官员差遣。② 此外在罗马还有扈从,通常由下层公民组成,充作高级官吏的随从。这丝毫不令人吃惊,因为有组织的警察队伍是19世纪的发明。但是直到城邦为君主制取代为止,军队并不用于大规模的警察行动。这一点至关重要,而且是

---

① 在此我过于简单化。见 Gauthier (1974) 及其参考文献,以及下文第四章对于公民权的讨论。

② 关于公共奴隶的史料稀少。雅典的情况见 O. Jacob, *Les esclaves publics à Athènes* (Bibl. de la Fac. de Philos. et Lettres de l'Univ. de Liège 35, 1928; repr., New York 1979); 罗马的情况见 W. Eder, *Servitus publica* (Wiesbaden 1980), Mommsen (1899) bk II ch. 12。

个特例,和中世纪意大利的城邦形成鲜明对比。① 古代城邦中的军队是公民兵,只有在征召对外作战时才组成军队。尼科莱对罗马的描述同样适用于希腊城邦:"任何时候当罗马与邻邦和平相处时,它并无军队可言。"② 并且这样的公民兵是按照社会地位选择的。原则上骑兵和步兵都需自己准备武器装备,这就使得较穷的"一半"公民自动沦为边缘角色,充任水手或是轻装辅兵,甚或是在紧急状态之外完全免于服役。

当然,我们很容易举出和上面描述的古代公民兵理想类型相左的情况。斯巴达一直是个例外。一些国家拥有小规模的精英常备军,例如忒拜的三百人"神圣军团"。雅典水师(也许还有一些其他水师)吸纳贫穷公民作为水手,并给予补贴。公元前4世纪,越来越多的希腊城邦使用雇佣兵作战,这是社会与政治变化的重要征兆,但无论是雇佣兵还是他们的职业指挥官都不在城邦内部政治中发挥作用(除非僭主控制了城邦政治)。③ 战争的规模迫使罗马不断降低服役的最低财产资格限制,并且为服役兵士提供生活补贴。实际上,到公元前2世纪末,自己提供装备的公民兵这一观念被放弃了。我们将要看到,罗马共和国最

---

① 在本处的讨论中,人们熟知的人文主义者,尤其是马基雅维里对雇佣兵和公民兵之相对优点和缺点的意识形态的讨论并不相关。见 C. C. Bayley, *War and Society in Renaissance Florence* (Toronto 1961)。他偶尔记起还存在内部秩序问题时,理所当然地认为随时可用雇佣兵和公民兵镇压内部骚乱。参见 W. M. Bowsky, "The medieval Commune and Internal Violence: Police Power and Public Safety in Siena, 1287—1355", *American Historical Review* 73 (1967) 2—17。

② Nicolet (1976) 134.

③ 关于希腊城邦和雇佣军指挥官及其使用的军队的关系,现在见 Pritchett (1971—1979) II ch. 2—4。

第一章 国家、阶级与权力

后一个世纪之所以呈现出扭曲了的城邦政治,这是其中的一个原因。

所有这些都不能否定我们关于城邦及其军队的一般表述,[①]但希腊和罗马的一个重要区别施加了一个限制。罗马军队纪律的严明是老生常谈了(尤见波利比乌斯[Polybius],6.37-8),指挥官在战场上可以下令当场处死兵士(甚至处以什一刑,即将一支队伍中的每第十个兵士处死)。希腊的军事纪律似乎要松弛得多,不经法庭程序而处以重罚的案例稀少。[②] 和这一区别紧密联系的是罗马行政长官"治权"(*imperium*)的观念(将在第三章中加以分析),它允许高级行政长官不经法律程序,在公民日常生活中对不听命令的公民(当然也包括妇女和非公民)进行"惩处"(*coercitio*),包括罚款、没收财产、监禁,也许还有流放(但不包括死刑),对此公民无权申诉。"治权"是未经界定的权力,包含行政长官能力许可范围内、法律未予禁止的任何行动。因此,正如蒙森(Mommsen)观察到的,行政长官的"惩处"如若是在受到许可的(广阔)范围内,"可能是不公正的,但却从不可能是非法的。"[③]而希腊城邦的行政长官虽然可以对不法商贩进行罚款,但在此种或其他情形下,却都不能施以"惩处",除非是得到了特定法令的授权,而从没有这样的法令授权行政长官施以监禁和

[①] 见 Nicolet (1976) 125—126。其第三、四章是罗马军队历史研究中和本处讨论相关的方面的最精到叙述,并附有参考文献。

[②] 关于罗马军队纪律的讨论见 G. R. Watson, *The Roman Soldier* (London 1969), pp. 117—126;关于希腊方面的情况,见 Pritchett (1971—1979) II ch. 12。

[③] Mommsen (1899) 39 (bk 1 ch. 4 专门讨论"惩处");参见 Mommsen (1887—1888) I 134—161. 在此我们不必考虑保民官干预和上诉(*provocatio*)所提供的缓和剂。

流放的权力。

因此针对个人而言,罗马人有一个较小而基本的警察机制,主要是在刑法领域。但是,当或多或少组织起来的大量个人参与其中的时候,这一机制不可能应付。如果真是这样,那怎么办呢? 无论是在希腊还是在罗马,现有史料都太少而无法给出一个明确的答案,但却足以给予一些提示。公元前186年,酒神崇拜仪式在罗马和意大利大部分地方广受欢迎,尤其是在下层阶级中广受欢迎,使罗马精英集团感到惊恐。关于此事的唯一史料记载出自近两个世纪之后的李维(39.8—19)之手,完全是带有偏向性的和耸人听闻的,有些地方甚至是虚构的。李维的记载坚持说,这是一个被罗马成功镇压的民众阴谋。一些史家得出结论说,这一事件说明"在危机之时罗马有着有效的警察组织",[1]但笔者并不这么看李维的记载。行政长官通常支配的助手得到其奴隶和附庸的支持,也得到特别指定的侍卫和守夜人的支持,但仅凭他们并不能打击、拘禁并最终处决成千上万的人。李维并没有说他们是独自行动的,而是记载了普通公民大量的告发和"警察"行为,他们**主动**响应了执政官在预备会议(contio)上的号召。[2] 李维(39.16.13)所述的执政官号召所用的语言十分模糊,"无论你们驻扎何处,无论你们接到何种指令",都要负起你们的责任。但这并非征召罗马军队的方式。征召军队的术语是"征兵"(*dilectus*),对此李维肯定十分熟悉。但"征兵"须由元老院正式投票通过,然后由执政官根据得到

---

[1] Lintott (1968) 106.

[2] *Contio* 是由一个或几个行政长官或元老发表讲话的民众集会,它不做正式决定。有关 *contio* 和公民大会的根本区别,见 Taylor (1966) ch.2。

认可的程序执行。而在这一事件的记载中,"征兵"一词、必不可少的元老院投票决定以及执政官的执行程序都未曾出现。在阿庇安(Appian)关于盖约·格拉古被杀的记载中,情况也是如此。这位史家仅仅写道,执政官手下有"武装人员"可供驱使(《内战记》,I.113,116)。

雅典一件类似的事件提供了进一步的说明。公元前415年发生了两件亵渎神明的事情,一是毁坏赫耳墨斯头像的事件,二是对埃琉西斯秘仪的"亵渎"。恰逢远征西西里的水师出发之时,这两件事引起了巨大的恐慌。如同在公元前186年和公元前121年的罗马一样,所有政府机构都加入了调查和处罚的行动,普通公民也被动员起来进行举报和监视。关于此事的史料记载十分明确,安多基德斯(Andocides)记载(I.45),五百人议事会要求十将军召集城里的公民带上武器在一些指定地点集合。[①]

罗马和雅典的这两件事件具有非常不同的政治意味。罗马元老院认为酒神崇拜者是来自下层的颠覆性威胁,而在公元前415年,雅典人担心的是针对西西里远征和民主制度的阴谋(这两个担忧是否有根据与本处讨论无关)。[②] 但它们的共同点在于一个事实,即相当数量的公民作为一种义务准备有军事武器,并且熟悉其使用。这样一种军事制度并无先例(以后也很少有这样的例子),

---

① 安多基德斯的不可靠臭名昭著,但这一条的真实性为修昔底德的一句话所证实。修昔底德(6.61.2)说武装公民住宿在提修斯圣地,而这正是安多基德斯提到的一个营地。

② 矛盾的是,雅典的这个事件的记载比罗马的记载更为全面,但也更含糊不清。最好的叙述仍然是 J. Hatzfeld, *Alcibiade* (Paris 1951), pp.158—205。

而且在军队和其指挥官及国家之间形成了一种独特的关系。① 在爆发内部危机时,或者在被认为是内部危机之时,并没有军队可以作为强制力量,但可以召集武装人员作为志愿者。一位古代学者在复述撒路斯特(Sallust)业已散失的《历史》(*Histories*)中的一段话时解释说,这样的志愿者并非兵士,却是兵士的替代者(*non sunt milites sed pro milite*)。② 其中的区分并不仅仅是辞藻上的,而是政治思想和政治心理上的根本区分。志愿者不是受指挥而来的,其响应的规模和速度都不可预料。志愿者不受军事纪律的约束,也不向将军宣誓效忠,而罗马兵士每次应召时都须宣誓。③ 另一方面,在这样的情形之下,志愿者总是要比征召的兵士更为"可靠"。

拥有武器的公民主要是业已参加公民兵的人。因此我们很易于从公民军队无可否认的财富等级特征中得出结论,但如同公元

---

① 当然马克斯·韦伯简要而敏锐地阐明了这一点,见 Weber (1972), 756—757; 参见 S. Andreski, *Military Organization and Society* (2 ed., London 1968), pp. 34—35, 98—99。但在 A. M. Snodgrass, "The Hoplite Reform and History", *Journal of Hellenic Studies* 85 (1965) 110—122 所开启的争论中,其意义,或至少其所引发的微妙之处在我看来被忽略了。最近的讨论见 P. Cartledge 和 J. Salmon ibid. 97 (1977) 11—27 和 84—101; Spahn (1977) 70—83。

② Servius, *Commentary on Virgil's Aeneid* 2.157; 参见 Isidore of Serville, *Etym.* 9.3.54。这样的召集称为 evocatio("召集"),而非 dilectus("征兵")。

③ 关于宣誓,见下文第六章 165 页注②。另外一种紧急状态措施是元老院宣布"紧急动员"(tumultus),要求立即动员军队在城门外拒敌。因敌人的迫近而来不及进行"征兵"。在此史料的记载比较模糊,主要是因为 tumultus 一词的通常含义是任何形式的喧闹。例如,当李维在记载酒神崇拜者事件(39.16.13)中使用这一词语时,我相信他采用的是其一般含义,而非专门含义。理由是他所记载的程序并非"正式"的"紧急动员"(tumultus)。如果这是对的话,那么将面临外敌时宣布的"紧急动员"用于面临内部敌人的情形是在公元前1世纪才开始的。

前415年雅典的事件所表明的那样,事情并非总是如此简单。①当然,在爆发内战、事实上存在多支大体上组织起来的"官方"和"非官方"军队的情形之下,军队的阶级特征可能成为决定因素,然而内战标志着政治和解的失败,我们只在讨论这种情形时才需要关注。在第五章末我们将要看到,罗马共和国的最后一个世纪都应该被当做是一个内战阶段而加以讨论。②

---

① Aeneas Tacitus II. 7—10 所记载的阿尔哥斯(Argos)在公元前4世纪初镇压贵族政变一事似乎是个类似的案例。

② 此种情形的必然结果是,这一时期所有对罗马过去的书写都因当时的关注和判断而严重歪曲了,因此不能是一手资料,除非我们能够确信它和此前的记载一致。这令人遗憾,但却并非我们通常假装(或希望)现有最好的史料就足够好的借口。我们只需看看Nicolet(1976)这本具有启发性的著作,其中多么大一部分实际上是关于内战时期的"公民职业"的。

第二章 权威与庇护

无论是针对个别恶棍的警察行动还是针对大规模"颠覆"的危机处理措施都不能告诉我们,希腊城邦或罗马通常是如何有效执行从外交政策直至税收和法律这一整套政府决定的,它们显然缺乏——用拉斯基有力的话说——"强制政府的反对者、摧毁他们的意志、迫使他们服从"的手段。[①] 而且我们讨论的是几个世纪里在政治上都保持稳定的国家。当然,它们不是全都保持稳定,但重要的事实是,由于史料局限,我们不得不集中讨论的三个国家即雅典、斯巴达和罗马,其特征都在于其政治制度以及运作它的人和阶级长期得到认可。虽然在我们讨论的时间段内出现过许多政治变化、许多激烈的政治冲突,有许多不满和不快的公民,但这些国家在政治上保持了稳定。就雅典而言,只要回想一下在伯罗奔尼撒战争的惨败之后,在遭受了两次战争引起的短暂寡头政变之后,民主政体如此迅速重建就足够了。就罗马而言,在几个世纪的不断战争里,其公民整体长期愿意服役作战,即是充足的证据。

因此不可避免的结论是,至少在稳定的国家里,对制度和整体体制的接受是存在即合理式的,其合法性是基于其持续而成功的

---

① Laski (1935) 26—27.

第二章 权威与庇护

存在。① 这一点儿也不令人惊奇,而且甚至是老生常谈。同样的说法也可用于过去和现在的许多国家,不过却很少(也许没有)拥有如此少又可随时使用的强制力量的国家能够如此。在古代世界,只有严肃的理论家在论证城邦是唯一可接受的政治机制时超越了这样一种认识。在《政治学》里,亚里士多德把人定义为"适宜于城邦的动物"(zoön politikon,1252b9—53a39),其含义只有根据他的形而上学才能理解。因此,正确的翻译需要比较累赘的意译:人是这样一种存在,其最高的目的、其终极目的(telos),从天性上说是生活在城邦之中。我猜想如果听到亚里士多德所说,并且领会了他的意思,绝大部分希腊人是会同意的,不过很少有人真正听到过。

更为熟悉的方法是从过去的历史——无论是真实的还是虚构的——加以论证,这当然又是一个社会政治上的老生常谈。② 我们所关注的与其说是关于"美好的过去"的各种说法,不如说是通过一种延续性的感觉而获得认同的心理需求,以及与其伴生的感觉,即从过去继承而来的社会存在与价值体系的基本结构,从根本上说是一个社会中唯一正确的。我使用"感觉"一词来表示未经思索的、习惯性的回应。在雅典对"祖宗之制"(patrios politeia)的吁求和在罗马对"共和国"(res publica)的吁求都激发起认为它们正确的热烈情绪,而不是激发起对这些概念的确切含义或者在特定语境下是否该使用它们的分析性或者历史性调查。因此,在公元前5世纪后期雅典的冲突中,寡头派和民主派都宣称重建祖宗

---

① 在本章开头部分简要陈述的这样几个观点将在第六章中进行更全面的讨论。
② 我在 Finley(1975)第二章:"The Ancestral Constitution"中从比较的角度探讨过这一点。

之制。四百年之后,奥古斯都大胆宣称,在公元前 28 年至公元前 27 年,"我把共和国(res publica)从我的权力(potestas)下移交到了元老院和罗马人民的支配(arbitrium)之下"(《奥古斯都自传》[Res gestae], 34.1)。

这类宣称多半是虚假的,对此很容易加以证明,但并非很有意义的分析。更切题的问题不在于奥古斯都是否恢复了"共和国",而在于是否有足够的罗马人和意大利人相信他恢复了"共和国"。重要的是稳定社会在变化之中维持其强烈的延续性感觉而又不僵化的能力,及其对希腊人所谓 nomos 和罗马人所谓 mos——即习惯做法和习俗——的坚决接受。公元前 92 年,罗马监察官关闭了"拉丁修辞"学校,认定它们是对祖宗习俗(mos maiorum)的不必要背离。史料记载援引他们的法令说:"我们的祖先确定了希望其后代学习的内容及其所上学校的类型。这些新奇的做法违背了传统和祖宗习俗,既不令人高兴,似乎亦不正确。"① 仅仅两代人之后,这样的私人修辞学校却如雨后春笋般在罗马勃兴,接收的学生都是上层阶级子弟。

这类矛盾的宣称和态度在任何以过去作为仲裁的情形中都必然存在。根据个人的喜好,过去既可提供变革的例子,也可提供不变的例子。没有比罗马国家把一系列外国神明正式引入到其官方崇拜这一漫长过程更为显著的情形了,这是对祖宗习俗最为明目张胆的背离。② 然而西塞罗却能够忽略他相当了解的这整个过

---

① Suetonius, *De grammaticis et rhetoribus* 25.1.

② 见 J. A. North,"Conservatism and Change in Roman Religion", *Papers of the British School at Rome* 44(1976) 1—12.

第二章　权威与庇护

程,而把罗马的伟大归功于严格遵守罗慕路斯(Romulus)和努马(Numa)王建立的礼仪和崇拜,从而得到神明的眷顾(《论神性》,3.5)。我并不宣称我抓住了他这么说时的心理过程,也不宣称能理解希腊人和罗马人在这方面的一般心理过程。希腊罗马人的历法中满是圣日和节庆,每一个都有人们严格遵守的仪式,而且经常因此导致公私事务的延迟和中断。在所有公共活动和绝大部分私人活动之前,都要以祈祷和祭祀祈神;而在成功之后则要以礼物和祭献品敬献谢神。希腊人经常在公事前以特定礼仪咨询神明成功的希望,而罗马人则总是如此。罗马人的宗教虔诚甚至使得希腊的观察者都感到惊叹,[①]特别是在和迦太基人以及他们征服的其他民族相比较的情况下。

对于仪式程序正确与否的证明简单而实际。若取得成功,即表明宙斯或朱庇特受到了善待。在中央集权的城邦产生以前的早期,主要的受惠者是控制了地方宗教崇拜中心的贵族家族。随着国家及国家宗教崇拜的出现,宗教成为为整个政体提供合法性的一个因素,即大规模长期而庄严地参与久经实际考验的国家仪式所带来的心理效果。然而,却没有史料证据表明,也没有理由相信政策制定曾经是参照神意或神训来决定或改变的。在第四章中我们将要看到,偶尔一场战役或战争会因为一个节庆或一个不祥之兆而暂时中止,罗马精英阶层也会通过操纵祈神仪式来推迟行动,但似乎仅限于此。对于政体的结构或者政府遵循或提出的政策,

---

① 经典的表述是 Polybius 5.56.6。Kroll (1933) II ch. 5 是对这一问题的较好介绍。

宗教并没有提供教义上的辩护,或者更确切地说,没有提供伦理上的辩护。因此,尽管我并不低估宗教的作用,但我并不觉得在政体获得如此巨大权威、并长期维持它的过程中,宗教是决定性的,更不用说是充分的因素。这一过程是多面的,而且不同国家之间十分不同。对这一问题的详细探讨不亚于一部国家及其公民以及公民之间或者不同阶级的公民之间的利益关系史,一部战争、"民族"自豪感和爱国主义的历史,以及一部不同含义的意识形态史,包括有意识和无意识地持有的观念、信仰、文化范式和价值观等。很显然在此不能进行这样一种探讨,但为了后面的参照,还是应对一些特定问题加以阐述。

第一个问题对所有其他问题来说都是根本性的。因为没有城邦真正是完全平等的,而且许多城邦甚至不是民主的,所以政治稳定是基于所有阶级对地位以及一定意义上地位不平等之合法性的接受,这不仅包括对贵族的存在,还包括对贵族拥有更多财富的权利、更高的社会地位与政治权威的接受。仅仅在限度、资格和细微之处接受的程度各有不同。问题不在于柏拉图或亚里士多德、抑或是波利比乌斯或西塞罗如此认为,而在于"劣等人"(*improbi*)和"大多数人"(*hoi polloi*)也都如此认为。至少他们的行为表现出他们似乎如此认为。希腊一些彻头彻尾的寡头政体十分稳定,最为明显的是科林斯。即使在现代史家倾向于称之为"激进民主"时期的雅典人民(*demos*)也从未在他们自身中间产生过其代言人。在罗马,行政长官人选总是局限在最富有家族组成的一个小圈子里,他们严格控制和限制了公民大会的权力。而且无论如何,公民

第二章 权威与庇护

大会的投票程序也非常不利于下层阶级。①

等级价值观还植根于希腊和罗马各阶层的教育之中。当然，这里所说的教育是宽泛意义上的教育——涂尔干（Durkheim）将它和正式教育（pedagogy）区别开来，②这个过程用最为贴近的英文词语来说是"培养"。培养和正式教育的主要功能一直是把特定社会的主导价值观灌输给一代又一代人，这一点是不言而喻的。在此国家几乎没有起到什么作用。在古代世界，除了斯巴达这一无可避免的特例之外，国家在培养方面几乎没有起直接作用，在正式教育方面则根本没有起作用——在柏拉图看来这是一个重大的错误。例外的情况是一些晚期的高等教育发明，比如罗马帝国的法学院以及资俸修辞学或哲学教授席位，或是偶尔驱逐不受欢迎的教师或学派。当然，高等教育即在最为基础的读写算之上的正式教育，则局限在一小批精英之内。不过因为这种高等教育时而被说成或者真正对主流价值和制度造成威胁，而导致民众的敌意——这种敌意无一例外为精英阶层中的另一些成员所煽动的敌意。阿里斯托芬的喜剧《云》是一份具有典型意义的文献，公元前155年罗马人驱逐三个哲学学派领袖一事则是典型事件。很难想象雅典的普通公民会去认真聆听苏格拉底和智者派哲学家的传道，也很难想象近三百年之后，普通罗马人会去聆听卡内阿德斯

---

① 关于部落大会和平民会议（*concilium plebis*）的程序的史料出乎意料地缺乏，但我的阅读使我做出了文中的陈述。

② E. Durkheim, *Education and Sociology*, trans. S. D. Fox（New York and London 1956）.

(Carneades)及其同伴的传道。*

然而这些识字和不识字的普通公民受到的教育(在非正式教育的意义上)要大大超出史学家们通常的设想。城邦社会是相对(常常是绝对)较小的"面对面的社会"(face-to-face societies),②其中人们从孩童时代起就不断接触公共生活。因此,考虑到政治权利延伸到包括农民、手工业者和商贩,公民成长过程中的政治教育要超过此前和此后的绝大部分社会,我们是否像约翰·斯图亚特·密尔(John Stuart Mill)那样相信这种教育的价值,在此并不重要。③ 我要强调的是,这样一个过程是内在于城邦体制之中的,而通常历史学家们却忽视(或是否认)了这一点。瓦尔泽(Walzer)最近在论及当前情况时写道:

> 在一个民主国家,每个公民都要做出政治决定。我指的并不仅仅是参加投票与否、是支持民主党还是支持共和党、是参加这次会议还是在那份请愿书上签字的决定……民主政府的一个特殊特征是,政治领袖的经历对普通公民来说并不陌生。只需要一点儿想象力,公民即可设想自己处于其当选代表的位置时的情形。因为公民

---

* 指公元前155年罗马驱逐的三个哲学学派的代表人物:学园派哲学家卡内阿德斯、逍遥派(亚里士多德学派)哲学家克里托劳斯(Critolaus)以及斯多葛学派哲学家第欧根尼(Diogenes)。——译者

② 这个短语我借用于拉斯利特有意思的论文,见 Laslett (1956) ch. 10。大型城邦仍然是"面对面的社会",因为村庄和单个城镇地区的生活方式是如此。我们将在第四章回到这个问题。

③ 见 Finley (1973b) 30—32 的简要论述。

第二章 权威与庇护

能够这样做,而且通常也这样做,他实际上介入了我想要称呼的……预期性和回顾性决策……通过他人经验而感受的决策伴随在实际决策之先,又伴随在实际决策之后。①

我相信在面对面的城邦社会中,这种情况比我们的世界更为普遍;即使在古代不民主的社会里亦是如此,当然毫无疑问其程度要低一些。

我之所以强调识字和不识字的人的政治教育,是因为古代世界总体上还是个口头交流的世界,而非书写的世界。② 就政治和法律而言,这一点明显体现在希腊和罗马史家著作中记叙的演说词中,也体现在亚里士多德《修辞学》(Rhetoric)的整个论述之中,还体现在西塞罗不断的夸耀之中,他夸耀说自己成功地用演说说服元老院采取这样而非那样的政策。言论自由(在存在时)实际上意味着"在公共场合、在集体决策之前的讨论中发言"的自由,而非提出不受欢迎或不可接受的思想,或是和朋友和弟子讨论它的自由。③ 作为结果,消灭不受欢迎的思想以及不受欢迎的个人和政治对手的最有效方式就是流放和处死。这样就阻止了口头交流,

---

① M. Walzer, "Political Decision-Making and Political Education", in *Political Theory and Political Education*, ed. M. Richter (Princeton 1980), pp. 159—176, at p. 159.

② 我在 Finley (1977) 中试图说明它的一些政治后果,不过其强调之处与此处有所不同。

③ Lanza (1979) 55. 这是一个重要的研究成果,不过我不赞同他认为公元前4世纪雅典发生了重要变化的观点。

一个带有识文断字成分的口头文化的意味和影响十分复杂，而且通常不为我们所把握。事实证明，对于当代的前识字社会以及跨入识文断字阶段门槛之社会的直接观察，对古代政治的研究并没有帮助。在对这一问题的一项开拓性人类学研究中，古迪（Goody）发现识文断字具有"增能效应"（enabling effects），②但这一发现趋于使观察者困惑，使之混淆识文断字和仅仅识字这两者。古迪写道，希腊和罗马是"真正识文断字的社会"，而且"字母文字读写的便利在希腊政治民主制的发展中很可能也是一个重要的考量"。③然而，无论我们如何理解"真正识文断字的社会"，也无论识文断字在哲学、科学、史学或是"圣书宗教"的历史上具有多么无可否认的重要性，对政治而言其重要性均需要加以修正。对于雅典（或者事实上任何希腊城邦）和罗马的一个比较颇能说明问题。两个社会都把古时候为制定成文法而展开的斗争正确地看成是打破旧有贵族权力垄断的关键。因此希腊人保存了关于古代"立法者"的传统，其中最为人熟知的是历史人物梭伦和传说人物莱库古；也因此罗马编年史家浓墨重彩地记叙《十二铜表法》和后来的《弗拉维乌斯法》（*ius Flavianum*）的制定（无论细节是多么的虚假）。然而任何法典的运用和功效都依赖于行政官员和法庭的解释。除非解释的权利也"民主化"了，否则仅仅成文法的存在并不能改变什么。

---

① 这一点在 Finley (1977) 中有较多篇幅的阐述。
② Goody (1968) 1.
③ 分别见 Goody (1968) 第42页和第55页。

第二章　权威与庇护

一目了然的事实是,在古代世界,只有精英阶层(及其直接代理人)能够阅读文书和书籍。我不把正式收据、地方选举中公布的候选人名单,或是"谨防狗咬"之类的标牌算在文书之列,就像我不敢苟同一些历史学家们一样。他们只要发现不识字之人在他们不能阅读的文书上画押签字,就兴高采烈地认为他们找到了其识字能力的例证。① 即使在法庭上,希腊的陪审团也只在审判过程中听取宣读的相关法律条款和口头证据,然后在不经任何相互讨论的情况下,当场进行投票判决。在古典雅典,陪审团规模相当大,代表了不同的阶层,而且是全权代表。即是说,并没有出现职业法官,完全由公民陪审团负责解释法律,认定事实。他们唯一的指导就是由多少是职业辩护人为诉讼双方准备的演说,以及演说中援引的法律或法令。② 与此相反,在罗马,司法解释变得非常专业化,法官和法庭都完全是由精英组成的。总之,民众的"半识文断字"所起的作用不大。

毋庸置疑,即使是在我们的社会,大部分人也很大程度上依靠少数真正能读能写的人提供信息和判断,经常是以口头交流的方式。然而我们的社会和其他任何社会,包括希腊罗马社会相比,都有一个根本的不同。那里完全没有大众"文学",没有大众媒介,没有大众宣传册和海报,没有大众杂志和流行小说。一部古老的法

---

① 对于我们拥有的唯一史料的论述,见 H. C. Youtie, "Hypographeus: The Social Impact of Illiteracy in Graeco-Roman Egypt", *Zeitschrift für Papyrologie und Epigraphik* 17 (1975) 201—221; "Agrammatos: An Aspect of Greek Society in Egypt", *Harvard Studies in Classical Philology* 75 (1971) 161—176。

② Lanza (1979) 59—61 强调了这一点的至关重要性。

典在那时会像拉丁文《圣经》一样,备受尊重但少有人能读。因此,至少在西方,基督教会长期抵制《圣经》通俗语译本的做法揭示了古代识文断字的真实情况。在只有精英阶层能够阅读、研究和思考具有根本重要性的文书的情况下,社会其他群体在很大程度上就只能听任他们对法律、神明意志、对与错、行为规则的解释,包括对何为正确的政治行为的解释。这就是古代世界的情况,而在我看来,它强化了人们对精英阶层及其统治权的接受。而且解释越多、能为法度(nomos)和祖宗习俗(mos maiorum)所认可的准则和价值越多,就越有利。在这一方面,民主制的雅典和寡头制的罗马的主要区别不是在大众能识文断字方面,而在于在关键的时期,雅典的精英阶层是分裂的,其主要的部分接受民主制度,并自愿充当其领导者,而人民(demos)则没有抵制和拒绝。

那么,人们对领导者的期望是什么呢?实际上,对其正确性和合法性得到公开地或默然地广泛认可的政府和国家,人们的期望又是什么呢?他们能获得一些无形的东西,诸如和群体认同的感觉,主导性安排和制度所带来(只有它们能带来)的秩序、安全、自由乃至生命本身的感觉。所有这些都很珍贵,但人并非仅靠思想而活着,相当一部分希腊和罗马公民生活水平低下,总是处于朝不保夕的境地。他们要求获得,或至少希望获得某种程度的帮助,即使这种帮助仅仅是所谓的"生存危机保障"。① 因此我们需要对政治权威的物质基础——或者如果我们不喜欢这个字眼儿,可以说是物质方面——进行认真的考虑。

---

① Scott (1977) 23.

第二章 权威与庇护

同样，在任何细致的考察中，古代世界内部的差别都一定非常突出，而且同样，征服国家形成了不同的一类。它们不仅提供了无与伦比的心理满足，而且也从被征服者那里获得了大量的物质利益，包括土地、钱财和强制劳动力。无论精英集团多么成功地一边倒地分赃，其中的一些还是流向了下层阶级的公民。①尤其值得注意的是"贡赋"的价值，尽管我们无法准确计算。它有效降低了城邦用于必须履行的各种公共活动的国内税赋，或至少刺激了一系列原本可能成为巨大负担（如果不是不可能的话）的活动。

在城邦内部，包括不属于征服类型的城邦内部，包含军事开支在内的政府开支在不能转嫁到外部的情况下，几乎完全由富裕阶级的公民承担。直接征税——无论是财产税还是人头税——是僭政（无论是内部僭政还是外部僭政）的标志，因而为寡头政治和民主政治所唾弃。在其他公共收入的来源不足以满足军事需要的情况下，城邦才破例征税。在如伯罗奔尼撒战争和汉尼拔战争这样的重大危机时期，这种"特别税"变得频繁和加重。然而关键点在于每年需要征税时，城邦都必须就个案投票决定。它从未变成常规税收，而且在希腊城邦中穷人完全免于纳税；在罗马，穷人大体上也如此。② 因此实际上，贫穷公民尤其是农民大体上免于纳税。

---

① 见 Finley (1978a)。

② 关于税收的一般模式见 Finley (1973a) 89—96，(1976a) 18—21 的简要论述；详论则见 R. Thomsen, *Eisphora* (Copenhagen 1964)，C. Nicolet, *Tributum* (Bonn 1976)。对罗马公有地（*ager publicus*）征收的税收（*vectigal*）并非对基本原则的背离，见 Nicolet, pp.79—86。同样，对罗马公民在意大利以外拥有的土地征税亦不背离基本原则。

偶尔的交易税、港口税和敬献给神明的收获祭礼则不形成很重的负担。这是为什么在中世纪后期和现代成为社会斗争焦点的税收，在罗马帝国以前的古典世界却几乎不成为问题的原因。更有甚者，由于农村和城市中的大部分穷人都自己谋生，因此农民也没有佃租的负担。租种土地的佃农和收益分成的佃农是希腊化世界和罗马帝国时期（也许开始于罗马共和国晚期）出现的现象，而不是城邦世界的现象。

这些"消极的收获"不应被低估，但不能认为它成为了政治权威坚实的物质基础。我们还能找到什么直接的、积极的好处呢？罗马元老和包税人聚敛的大量财富是征服和帝国的直接后果，这仅仅能说明他们为什么赞成寡头制。我的问题却不是关于他们的，而是关于穷人的，他们才是城邦公民的大多数。第五章我们将要仔细探讨他们如何努力获取政府支持，以及政府最终不能支持他们（尽管经过了很长的一个时期）如何侵蚀了传统制度的吸引力。在此只要做一些一般的，因此也是没有限定的论断就足够了。[①] 就如同在所有农业社会一样，土地缺乏是个中心问题。古风时期的希腊各邦、公元前5世纪的雅典以及罗马在各个时期都尝试了各种各样的解决方法。但值得注意的是，这些解决方法都是通过往外部移民的方式，而不是内部的。这通常包括把受益人从政治共同体中排除出去，如果不是在法律意义上，就是在事实上。当然，这类措施不能防止后来再次出现同样的要求、同样的危

---

① 本段下文讨论的基本史料见 H. Bolkestein, *Wohltätigkeit und Armenpflege im vorchristlichen Altertum* (Utrecht 1939, repr. New York 1979), pp. 248—286, 749—779。

机。长年不断对粮食供应的担忧促使城邦采取一系列措施保障必要的进口,限制价格并防止投机牟利。但直到希腊化时代,希腊城邦自身才开始有系统地进口粮食。直至公元前3世纪末西西里成为罗马的第一个行省之后,罗马国家才积极关注罗马城的粮食供应(当然是以其臣服者为代价)。直到内战开始之后,罗马才开始其具有悠久历史的救济粮发放。如果存在给予病人、战争遗孤和寡妇经济援助的话,也仅仅是很少的和偶尔的。

据我们所知,只有雅典通过大量雇用穷人在水师服役和发放津贴的方式为他们提供了大规模的经济支持。城邦按日给包括几千名陪审员在内的所有官员发放少量津贴,从公元前4世纪初起还给出席公民大会的公民发放津贴。① 常有学者把任职津贴和其他经济益处说成是雅典国家和政治中可以忽略不计的因素,这却是没有根据的。② 它们的支持作用很大,在政治上也是重要的。我们有理由把它们称之为一种永久的政府"生存危机保障"形式。在古典雅典的制度中,没有哪一个比这更能激起反民主政治宣传家的愤怒。对它的厌恶是不断攻击"平民领袖"的背后原因,我们在柏拉图的《高尔吉亚篇》中业已看到他对糕点制作师的讥讽。

在此不必考虑贵族派和寡头派的冷酷无情的意味,亦不必考虑穷人没有达成的愿望。需要考虑的至少还有三个因素:第一,在民主政治、下层阶级参与国家管理和任职津贴之间的密切联系,对此我在随后的章节中将进一步阐述;第二,说目的和后果是富人的

---

① 见 Finley (1978b) 114—124。

② 最近的讨论有 Kluwe (1977) 46—55;Meier (1980), esp. 252—253,但他的论述不一致,例如第256页。

贫穷化——人民"要求为唱歌、赛跑、跳舞以及划船而获得报酬,以使他们获得金钱而富人变穷"(伪色诺芬:《雅典政制》,I.13)——纯粹是争论的花招,对此我现在不予考虑;第三,人们认为富人应该提供生存危机保障。同样在此没有柔软心肠或者冷酷无情的问题。无论如何,在古代世界,无论是对同等地位的人还是对地位低下的人,善举都很少是没有目的的。一个目的是建立庇护人——被庇护人关系和关系网络,并且从此出发,进一步保障特定社会占统治地位的权力——权威结构。亚里士多德认为,他那个时期的寡头派的一个弱点在于,他们放弃了让担任高级公职者无偿进行公共服务、举办公共酒宴以及捐建公共建筑的做法,所有这些都是确保民众默认寡头统治的方式(《政治学》,1321a31—42)。在一段重要的概括中,巴林顿·摩尔(Barrington Moore)注意到,只有"当它最终以某种方式有益于那一社会认知和定义的社会公益时",这类"对不平等的仪式化肯定"才是有效的(着重号为笔者所加)。①

---

① B. Moore, Jr, *Injustice: The Social Bases of Obedience and Revolt* (London 1978), pp. 41—42. 当然,18世纪的评论家立时就认识到了这样的模式,例见孟德斯鸠对于希腊城邦的论述,*Esprit des lois*, BK VII, ch. 3. 我几乎没有提及最近出版的关于庇护制的大量社会学与人类学论著,因为我觉得几无帮助。对这一领域的研究局限于殖民地(或前殖民地)世界、地中海区域落后地区的小型社会以及美国大城市党棍政治这一奇怪组合。历史时期的大量社会却被忽视了,以至于A. Weingrod发明了一个无法包容罗马庇护制的分类(尽管"庇护人"和"被庇护人"实际上是罗马人创造的词语)。见其"Patrons, Patronage and Political Parties", *Comparative Studies in Society and History* 10 (1963) 376—400, reprinted in Schmidt (1977) 323—337. 详细参考文献见 J. C. Scott's appendix in Schmidt (1977) 或 S. N. Eisenstadt 和 L. Roniger, "Patron-Client Relations as a Model of Structuring Social Exchange", *Comparative Studies...*22 (1980) 42—77.

第二章 权威与庇护

亚里士多德所强调的和古代作家所普遍强调的一样,可以称为集体庇护制。即是说,强制或自愿地把大规模私人花费用于公共目的,例如建造神庙和其他公共工程、剧场,举办角斗表演、节庆和宴会,目的是为了赢得民众赞许;我们将要看到,经常是为了获得民众对其政治生涯的支持。① 这种花费可以追溯到很早,早到还没有真正的公共财库的时候,尽管最初的花费是集中在当地、在作为精英阶级成员基地的村庄或村社。然后出现了古典的城邦,它有其正式的制度,包括公共财政的提供和控制。如果集体庇护制不会成为破坏性因素的话,它就不得不至少部分融合进新的制度框架之中。我们无法详细追溯达到这种融合的步骤,但是这一过程的结果非常不同,和民众在新政治体制中参与的程度相关,简言之,和民主化的程度相关。② 我们需要仔细审视一下主要的不同结果。

在批评寡头派时,亚里士多德使用的希腊语词汇是 *leitourgia*(公益捐助),我将它翻译成"公共服务"。古史学家通常将它直译为"liturgy",但因其在现代教会用语中的含义而存在语义的混淆。* 我们知道在古典希腊的一些城邦存在公益捐助,但只对雅典公益捐助的一些细节有所了解。它是一个正式的、制度性的安

---

① 集体庇护制在希腊化和罗马君主制之下达到顶点,对此现在有了一本内容广泛的巨著,见 Veyne(1976)。我在下文援引的主要是他关于城邦的导论部分,而我和他的根本性分歧将会变得明了。

② 我和 Veyne(1976)的分歧关键在于他的(他并非总是一以贯之地使用)下述观念:即并不存在我在此强调的关联,因为即使在雅典,下层阶级也被"去政治化"了。——原注

* 在基督教语境中,liturgy 指礼拜仪式或感恩仪式。——译者

排。按照这个制度,城邦将一些公共服务以轮流方式分派给较为富有的个人。他们直接负担花费,负责实施,而不通过城邦金库。公益捐助既是强制性的,也是荣誉性的。荣誉的因素在于主要的公益捐助活动是在宗教领域(需要记住这包括运动和喜剧节日)这样一个事实。在德谟斯梯尼时代,雅典每年至少要指定九十七项节庆公益捐助,在大泛雅典人节(四年一次)的年份,则要指定一百一十八项。① 在雅典和其他一些城邦,另外的重要公益捐助是战舰维护(trierarchy),由捐助人担任所维护战舰的指挥官一年。而且尽管名义上有最低花费限额之说,却没有最高花费的限制。大部分公益捐助都涉及竞赛,因此在竞赛中获胜所赢得的额外荣誉,鼓励捐助者花费比最低限额多得多的钱。公元前5世纪末一次诉讼中的被告宣称,在伯罗奔尼撒战争的最后八年里,他在公益捐助上一共花费了约9.5塔伦特(talent),这是法定限额的三倍,是承担公益捐助的最低财产资格的二十倍(吕西阿斯,21.1—5)。对于他的数字,陪审员和我们一样无法核对,但即使考虑到有夸张成分,其花费额还是巨大的。

他的夸耀发人深省。在政治和诉讼演说中夸耀自己的公益捐助和批评对手拒不履行义务是标准的做法。公元前4世纪的一位演说家兼政治家在一次重要演说中总结到,公益捐助的原则是"我花钱你们享受"(埃斯基尼斯,I.11)。虽然并非所有"公益捐助阶层"的成员都积极参与政治,但除了可以忽略不计的例外情况,所

---

① J. K. Davies, "Demosthenes on Liturgies: a Note", *Journal of Hellenic Studies* 87(1967) 33—40.

有政治家都出自公益捐助阶层。**他们的**夸耀是摩尔所说"对不平等的仪式化肯定"成功运作的一个例子。它有助于证明人民赋予他们这个阶层政治领导权是正确的,而且在个体精英成员竞相获得影响的过程中为他们赢得民众支持。① 在我看来,这种特别的社会服务形式似乎应该包括在庇护制之内,尽管在此不是个人对个人的庇护者——被庇护者关系。而当古典时代的公益捐助制度失去政治作用之后,公元前317年被马其顿征服者任命为雅典"摄政者"的法勒罗姆人底米特里乌斯(Demetrius of Phalerum)就废止了它。对他的任命就是为了以寡头制取代民主制。②

在后城邦时代的希腊世界,"公益捐助"一词非但没有消失,而且在幸存的多少是自治的希腊城市中重又成为一种荣誉形式。然而在希腊化时代的王国中,一种压迫性的新型公益捐助受到普遍采用。它成了一种强制的金钱或无偿劳动负担,覆盖大量的活动,亦不再局限在富人阶层,而且完全没有了荣誉或政治升迁的因素。罗马帝国采纳了希腊化王国的这种做法,在说希腊语和拉丁语的这个帝国中,"公益捐助"(*leitourgia*)成为拉丁文"义务"(*munus*)

---

① 自不待言,有些富裕公民反对如此花费。亚里士多德警告民主政体(不仅仅雅典),公益捐助和"惑民地"没收财产可能引起寡头革命(《政治学》,1304b20—1305a7,1309a14—20)。

② 详见 Ferguson (1911) 55—58。对他而言,唯一的问题在于保全富人的财产;更有见地的分析见于 Gehrke (1978) 171—173。对于希腊的公益捐助和我观点相反、否认和民主政治有关联的观点见于 Veyne (1976),尤见第186—200页。他仅仅在一条空洞的注释中提到底米特里乌斯废除公益捐助一事(第338页,注119)。我们会问,他如何归类(或解释)雅典重要的政治家和善人色诺克勒斯(Xenocles),他的政治生涯在底米特里乌斯时被中止,而在民主制恢复之后又得以重回政坛。见 C. Ampolo, "Un politico 'evergete' del IV secolo a. C...", *Parola del Passato* (1979) 167—178。

的同义词,①而且不断扩大到几乎无以为继的地步。

罗马人并没有采纳古典希腊的公益捐助制度。这两种制度的差异在水师中得到了良好的体现。一方面,罗马水师的水手主要由"同盟者"、奴隶和被释奴充任。尽管贫穷公民无疑也充任水手,但他们是少数,特别是完全没有像雅典那样以水师服役的方式为贫穷公民提供帮助的做法。② 另一方面,罗马人为舰队提供经费以及任命战舰指挥官的方式,也都完全不同于希腊的战舰捐助。公元前 214 年,当汉尼拔战争需要为舰队提供一大笔额外经费时,执政官按照元老院的指示,下令征收特别税,其原则和希腊人在类似的紧急军事情况下征收的特别财产税(*eisphora*)不无相似之处。每个属于高等级的公民都必须依据其财产多少,为一至八个水手提供报酬、食物和装备。李维记载说:"这是第一次,罗马舰队以私人花费装备其舰队。"(24.11.9)我们并不知道后来罗马人是否经常采取这一做法,但没有理由认为这是经常性的,因此它和公益捐助的区别十分明显。它是一种紧急措施,只在公共资金用尽的情况下才采用;而公益捐助则是常规性的和年度性的,是无论平时还是战时都采用的一种为国家承担事务的方式。

大量的公共宗教节庆进一步说明了它们之间的区别。除了舰队以外,宗教节庆是希腊公益捐助的主要场合。而在罗马,长期保

---

① 在罗马共和国,*munus* 指为国家、城市乃至个人服务的义务,包括服兵役、纳税等。它后来被等同于希腊后古典时代的"捐助"与此处的讨论无关。

② 见 J. H. Thiel, *Studies on the History of Roman Sea-Power in Republican Times*(Amsterdam 1946), pp. 11—18, 195—198。其结论经得起学者们提出的批评。亦见 Brunt (1971b) 666—670。

第二章 权威与庇护

持的传统是由国家金库提供节庆资金。然而有时候公共资金短缺,并非因为国库空空如也,而是因为节庆的规模和花销急剧增长,尤其是大赛会(主项是赛车和赛马)。这是罗马"面包和马戏"*中的马戏成分,开始于公元前3世纪中晚期。同样,资金负担不是通过公益捐助来承担的。相反却形成了一个习俗,由市政官(aediles)个人承担日益增长的开支,有些时候则由副执政官**(praetors)承担。这不是他们正式的义务,而且尽管公共舆论的力量和他们想要担任最高行政长官执政官的野心是强大的推动力,不亚于法律强制的威力,但仍然和公益捐助有着根本性的差异。而且,由于市政官和副执政官通常是不能再任的,只有少数人在一生中一两次承担这一负担。不过,还有其他"马戏"能让精英阶级的一大部分人向集体提供庇护。只要提一下角斗士表演就足够了。直到公元前105年为止,它都还是私人葬礼的活动。它在公元前264年开始时,才只有三场角斗,到约公元前145年时,却已激增到三十对角斗士的表演,一共持续三天。因此维恩(Veyne)大体上是对的。他将"以娱乐自身而崇敬神明"的城邦

---

* "面包和马戏"(bread and circuses)语见 P. Veyne, *Le pain et le cirque. Sociologie historique d'un pluralisme politique*, Paris 1976, 表示罗马统治阶级免费为穷人提供的粮食和娱乐。——译者

** 罗马共和国的官职 praetor 通常译为"司法长官"或"裁判官",但不够准确。公元前367年罗马设置一名 praetor,据李维称是处理公民间的诉讼,实则协助执政官管理日益增加的国家事务。其"治权"和执政官相同,包括军队指挥权和行政权,但地位低于(minus)执政官。后来 praetor 增加至六名,原则上其中两名负责司法事务,另外四人为行省总督,但必要时也会指挥军队,并在执政官不在罗马时,代替执政官主持元老院和公民大会,履行执政官的其他职能。译者考虑到其职能的复杂性及其与执政官的关系,译为"副执政官"。——译者

(雅典)和无论是否担任官职的精英阶级成员"给予"人民节庆的城邦(罗马)进行对比。① 这是古老的旧有集体庇护形式融入新城邦结构的方式的不同,而且我相信它清楚地反映了民众政治参与的程度与性质的不同,反映了民主制和带有民众参与因素的寡头制的不同。罗马精英阶级自己发现了亚里士多德给予其同时代寡头派的劝告的价值。

古代史料提供了许多关于各种不同集体庇护方式的记载,尽管并不是系统的记载。另一方面,史料却几乎只字未提对于精英阶级以外的个人的庇护(西塞罗的《书信集》则提供了大量个案)。但这并不是在讨论政治时忽略这个问题的理由。史料的沉默是其特定关注的必然结果,并不说明私人庇护无足轻重。② 亚里士多德《雅典政制》(27.3)中一段臭名昭著的话颇能说明问题。在记载伯里克利实施给予陪审员日津贴的措施时,亚里士多德写道,伯里克利采取这一措施是为了

> 反击客蒙的财富而采取的收买民众的行动。因为客蒙拥有巨额财富,他不仅慷慨地履行公益捐助,而且接济许多村社成员。村社里任何人都能每天去他那儿得到一份充足的救济。而且,他的庄园都没有设置栅栏,任何人只要愿意,都可以进去摘取果实。但伯里克利的财产不足以如此花费,因此他采纳了达摩尼德斯(Damonides)

---

① Veyne (1976) 396—399.
② 在随后的章节中,我们将在几个地方试图克服现有史料的空缺。

第二章 权威与庇护

的建议……把属于民众(hoi polloi)的分配给他们,因而引入了向陪审员发放津贴的做法。

接着亚里士多德提到了(但并未赞同)认为伯里克利由此迈出了腐蚀雅典国家和社会的第一步的说法。在此勿需进一步讨论这种常见的反民主政治观点,但其中还有一个对于城邦政治社会学的深刻洞见,尽管我们大可怀疑将伯里克利和客蒙对立这样的粗暴叙述。① 我们必须要问,为什么他们俩都要关注如此贫穷的人,需要每日给予他们救济粮或是给予参加审判的陪审员两奥波尔(obol)的日津贴呢?对此的回答有两部分:首先,包括穷人在内的所有公民都获得了参与政治决策的权利,无论是以直接参加公民大会的形式,还是以支持一个领袖反对另一个领袖的形式;其次,公民群体的相当一部分一直处于生存的边缘,总是面临无法维持生计的威胁。从梭伦改革直至导致公元前5世纪民主政治建立的一系列措施都未能改变这样的情况。雅典和其他一些(但不是所有)城邦的农民不再受到债务奴隶制的威胁,但这是个消极的好处。若遇收成不好或其他灾难,他们能到哪里寻求救助呢?要么去求助于当地一个富裕的地主,要么去求助于国家。换言之,他们可以成为一个像客蒙这样的人的被庇护人,或者可以成为国家的被庇护人,而这实际上是亚里士多德的言下之意。②

可能有人会告诉我,我不应用"被庇护人"(client)一词,因为

---

① 我羞愧地想起我曾经否定说这仅仅是"一个荒谬的解释",见 Finley(1962) 19。当时我过于专注于讨论对陪审员津贴的解释,而忽视了现在讨论的更大问题。

② 这一表述是约翰·邓恩在贝尔法斯特的讨论中提出来的。

在雅典的情形里或是在希腊普遍的情况下,根本没有可以和罗马共和国时期的庇护制(*clientela*)相似的制度。① 对这种反对意见应该立即予以排除。庇护人和被庇护人的关系是地位不平等的人的相互关系,它涉及一个主观因素,即被庇护人"对这种关系的衡量";还涉及一个物质和服务的客观因素。② 它同时也是非常具有灵活性的,不仅是在某个社会内部、甚至是在单个庇护关系之内具有灵活性,而且在不同社会和不同时代也都具有灵活性。如果坚持把这一术语(从而也把这一制度)局限于特定的罗马类型的庇护制是无法辩解和荒谬可笑的,正如同相反的做法,即如此狭义地定义它以至于排除罗马的模式,对此我已经表示了异议。③ 人类学家和社会学家研究的要么是小规模的农业社会,那里典型的被庇护人是佃农或无地佣工;要么是大城市党棍政治中的庇护和被庇护关系。这后一种情况不存在于城邦世界,那里穷困农业人口中的相当一部分——通常是大部分——是拥有小块土地、勉力为生的农民。这个世界还有一个少见的复杂化因素即奴隶劳动力,并由此产生了一个和现今地中海或南亚社会具有本质不同的农村和

---

① 最近这一观点为 H. Strasburger, *Zum antiken Gesellschaftsideal* (Abh. d. Heidelberger Akad. d. Wiss., Philosophisch-historische Klasse 4, 1976), pp. 111—116 所强调,随后 Schuller (1979) 440 则多少有些犹豫。

② 见 Scott (1977) 22—25。

③ 见 46 页注①。我要借此机会表达我对关于罗马共和国庇护制的主流观点的怀疑态度。我觉得存在过度的形式主义和我只能称为神秘主义的倾向(围绕着"忠诚"[fides]概念)。现在可见 Brunt (即出),我在根本上同意他的观点。而我在此讨论的问题在 Brunt 援引的大量研究文献中都没有得到说明。我从头到尾都将在广泛接受的社会学意义上使用"庇护人"和"被庇护人"这两个词语,而非在专门意义上(无论学者们如何理解)使用它们。

第二章 权威与庇护

城市劳动力市场。其后果是,古代世界的劳动力交易并不是如此明显和直截了当,尽管我并不低估富有地主季节性雇用自由农作为补充劳动力的情况,尤其是在收获季节;也不低估这种交换所代表的纯粹互惠情况。① 然而,这种做法很难成为农村普遍存在的庇护关系的基础,而且肯定不能成为城镇庇护关系的基础。它不能回答我提出的何以客蒙和伯里克利对帮助贫穷自由公民如此感兴趣。

考虑到史料的稀缺,最终我们的回答只能是推测性的。让我们快速看一下三个不同政体的例子:

第一,公元前510年庇西斯特拉图家庭的僭主政治被推翻以后,贵族派系之间爆发激烈斗争。克里斯梯尼"把人民争取到他的派系之中"而赢得了胜利。② 接着他以阿提卡的一百多个村社为基础,着手改组雅典的政府机制。他把这些村社划分到十个人为的新区划中,称为 *phylai*(传统上误导性地译为"部落"),每个"部落"由三个不相邻地区的村社组成。③ 亚里士多德是唯一对此提出理性解释(尽管极为简要而且可能不充分)的古代作家。根据他的说法,这个奇怪措施的目的是"将所有人混合起来以解散原先的

---

① P. Garnsey 和 J. E. Skydsgaard 在 *Non-Slave Labour in Graeco-Roman Antiquity* (Proceedings of the Cambridge Philological Soc., Supp. 6, 1980), ed. Garnsey 中强调了对于土地所有者来说季节性劳动力的必要性,尤其是在奴隶是永久劳动力的情况之下。

② Herodotus 5.66;参见 Aristotle, *Constitution of Athens* 20—21。

③ 我将不会一直在"部落"一词上加引号,但也许我应该强调古代希腊的 *phylai* 和我们所说的"部落社会"没有任何共同之处(古代罗马的 *tribus* 也一样)。我不打算详细讨论克里斯梯尼的改革。Hignett (1952) ch.6 列举了全部文献记载,不过其分析并不令人满意。

团体",并由此"让更多的人分享公共事务(politeia)"。①

第二,公元前386年,斯巴达击败阿卡地亚的(民主城邦)曼提涅亚(Mantinea),下令解散其城市,令其居民回到原来的村庄。色诺芬记载道:"土地所有者们发现他们现在居住在自己村外的田庄附近,处于贵族政治之下,驱除了令人烦恼的惑众者(demagogues),因此他们对事态感到高兴。"(《希腊史》,5.2.7)②

第三,在公元前139年至公元前106年之间,罗马通过了一系列法律,把匿名书面投票的做法引入到公民大会和一部分法庭的程序之中。③ 精英阶层并不欢迎这样的做法。西塞罗在同其兄弟昆图斯(Qintus)和阿提库斯(Atticus)的"谈话"中解释了其原因:匿名投票"摧毁了贵族的权威"。不过他并没有建议回到公开投票的做法,而是根据柏拉图的建议(《法律篇》,6.753B—D),提议保留书面投票,以"保障民众自由",但有一个前提条件,即将这些票"自愿地给任何贵族或重要人物看"。西塞罗总结道,如此则"既可获得自由的表象,亦可维持贵族(boni)的权威"。

尽管这三个例子没有关联,它们却提出了一个共同的问题,即克里斯梯尼试图在雅典消除的、斯巴达人试图在曼提涅亚加强的

---

① 因为分别出自 Politics 1319b25—27 和 Constitution of Athens 21.2。我把古希腊语中的 synetheiai 翻译为"团体",但其含义并不易确定。Barker 译为"忠诚"(loyalties),也许是常见含义的扩展,但并无充足证据。

② 应该予以说明的是,那些"人民领袖"遭到了放逐。色诺芬的"贵族制"并非指寡头制,除非他的记叙歪曲到了无可救药的地步。因为事隔十五年之后,该城按照公民大会的决定得以重建。总体见 S. and H. Hodkinson, "Mantinea and the Mantinike: Settlement and Society in a Greek Polis", *Annual of the British School at Athens* 76 (1981) 239—296, esp. pp. 261-5, 286—287, 290—291.

③ 随后的讨论见 Nicolet (1970)。

以及西塞罗通过其投票方案试图在罗马恢复的少数人对多数人个体施加的权力是什么?这少数人对不守规矩、不按要求提供政治支持的人能够如何制裁呢?公元前167年,在投票仍在进行的时候,元老院提议授予埃米琉斯·保路斯(Aemilius Paulus)凯旋式的荣誉,但他手下的兵士却游说部落大会反对这一提案,原因是他对兵士的纪律要求苛刻,而且分发的战利品微乎其微。此时一位名叫马库斯·塞尔维琉斯(Marcus Servilius)的重要元老发表了一次热情洋溢的成功演讲,表示支持元老院的提案。据说他在演讲的最后说,在进行投票的时候,"我会跟随他们所有人,了解哪些是恶人,哪些是忘恩负义之徒,哪些是在战场上想要接受迎合而不是指挥的人。"[①]这是一种什么样的威胁呢?为什么西塞罗相信即使是书面的公开投票也会重建像马库斯·塞尔维琉斯这样的贵族的权威呢?

如果对这些问题的回答要有助于说明古代政治,就必须是明确而具体的——在此我的唯一兴趣是庇护人和被庇护人的关系。诚然,曼提涅亚很少受到关注,因而色诺芬那段简短记载的价值有限。西塞罗关于改革投票程序的建议仅仅是一种想法,并未真正实施。但是克里斯梯尼改革及随后半个世纪的发展对我们的讨论至关重要,它们引发的大量学术分析正是我希望能找到答案的地

---

① Plutarch, *Aemilius Paulus* 31. 李维(45.35—39)更为详细记载的后一部分却没有保留下来,因此也没有保留这些话。几无疑问,波利比乌斯是李维和普鲁塔克的史料来源。

方,而我却没能找到。① 我们没有理由否认,克里斯梯尼以村社和部落为基础发明了一套巧妙的人为构架(为雅典一系列具有想象力的政治发明之一,我们在随后的章节中将予以讨论),而且其构架为雅典人民所接受,并且不仅延续到雅典民主政治的终结,而且之后还存在了好几个世纪,甚至到罗马人的统治时期;也没有理由否认他和人民认为这个构架是改变雅典政治取向、让人民更多地分享公共事务(亚里士多德的言辞)的必要手段。② 只有亚里士多德在提到打破旧有团体时,对这最后一点如何实现提供了一点线索,但仅此而已。

传统的、也仍然是占据统治地位的解释,假定克里斯梯尼所改造的是一个严格的"人类学"意义上的部落组织社会。对这一社会的表述,不同语言所使用的术语各不相同,包括英文中的 clan(氏族)、德文中的 Sippe(氏族)、Stamm(部落)、法文中的 société

---

① Christian Meier (1980)在篇幅很长的一章中正确地批评说,以前的讨论缺乏具体性,不过他并没有考虑到现代学术研究在这一问题上取得的一个巨大进步,即以考古和铭文资料"为基础"对村社——部落体制的研究,见 Traill (1975) 和 Rhodes (1980)所做的勘误。有关最近观点的综述,参见 J. Martin, "Von Kleisthenes zu Ephialtes", *Chiron* 4 (1974) 5—42, at pp. 7—22.

② 希罗多德和亚里士多德都肯定,克里斯梯尼把包括穷人在内的人民和自己的改革主张联系起来了。在《雅典政制》的相关两章(20—21)中,亚里士多德四次使用"人民"(*demos*)一词,四次使用"大众"(*to plethos*)一词,但从未使用"中间阶层"(*to meson*)一词。然而 Meier (1980)宣称,克里斯梯尼关注的只是中间阶层,穷人反正是漠不关心,而后他把这种宣称称为一个"发现"(*Befund*),并以此为基础展开论述。A. Andrewes, "Kleisthenes' Reform Bill", *Classical Quarterly* 27 (1977) 241—248 是一个有价值的和独特的尝试,试图想象克里斯梯尼的复杂纲要是如何规划和实施的。一个混乱的传统说克里斯梯尼还把公民权扩大到了一些"外邦人"。我们不必考虑这一附加的复杂因素,见最近的研究 E. Grace, "Aristotle on the 'Enfranchisement of Aliens' by Cleisthenes (a Note)", *Klio* 56 (1974) 353—368。

gentilice(氏族社会)等。根据这种看法,贵族是部落首领,其权威来自于并依赖于这种身份。令人吃惊的是,尽管这种看法长期为人所接受,而且实际上并未遭到挑战,但却不是基于希腊和罗马的史料,而且实际上是违背史料的。它不仅仅是人类社会进化线性理论的副产品,还反映了在根本上对于家庭和氏族或部落的混淆。在古风时代早期,家庭当然是核心的社会单位,这对于精英阶层和农民阶级并无不同(就如同在后来的社会制度中它仍然是核心单位一样,包括在我们自己的社会中)。然而,问题在于社会整体的组织,正是在这个方面所谓的血缘组织被证明是虚构的。血缘关系——无论是真实的还是推定的——不是使得贵族能够控制普通人民的东西。① 就算是我们转向德文中常用的"随从"(Gefolgschaft,法文中的 compagnonnage)也于事无补。随从就是随从(Gefolgschaft),它不仅仅是同义反复,还注入了封建(或类封建)社会这一不同时代的因素,带有较强的军事成分,但同样没有希腊罗马的史料依据,却有着充足的反面证据。②

如果说希腊罗马贵族既非部落首领亦非封建军事领主,那么他们的权力必定基于其他什么东西。我认为是显而易见的东西,即他们的财富以及他们得以花费财富的方式。我愿意承认声望、领袖魅力、祖宗法度乃至对宗教崇拜中心的控制都起到了作用。

---

① Roussel(1976)解决了希腊方面的这个问题。我毫不怀疑他的分析也适用于罗马的情况。的确,罗马的 gens 不同于希腊的 genos,是一个家族,但它只是贵族家族,和氏族或部落并没有任何关系。

② 即便是 54 页注③提到的对罗马庇护制持神秘主义态度者也很难把它归入 Gefolgschaft 一类,尽管一些人试图这么做。

不过德尼·胡塞勒（Denis Roussel）正确地指出，不能"按照牧师和大主教的形象来描述阿提卡地区大型圣地中的公民祭司，前者在一些现代国家中经常影响到其堂区或教区的选票"。① 比起许多历史学家来说，我也愿意更多地强调相互冲突的政治与经济纲领（或措施）在助长或迎合精英政治领袖野心方面的重要性。② 然而，如果说不平等个人之间关系的"客观因素"即个人庇护制没有被有意识地用于支持其权力结构的话，那么希腊罗马世界就会是历史上绝无仅有的社会了。客蒙的做法表明我们勿需假定这样的独特性。

我们也不必假定客蒙的行为是不寻常的，尽管缺少明确的类似记载。③ 研究证明，最富有等级即"五百斗级"的成员散布在雅典的村社中。已知的公元前5世纪后半期在三个财政委员会中担任职务的一百八十七名"五百斗级"成员——这是一个随机的例子——来自于七十八个不同村社，其中包括最小和最偏远的村社。④ 尽管他们不一定居住在自己的村社，但那是他们祖传田庄

---

① Roussel (1976) 285 n7.
② 见下文第五章。
③ 文献提到的唯一的类似例子是公元前4世纪史家特奥庞波斯（Theopompus）关于庇西斯特拉图的一段简短记叙（115F135, ap. Athenaeus 12.44, 532F），说他向所有人开放其田庄，不仅仅是自己村社的人。这个记载为后来的作家所复述，但亚里士多德和特奥弗拉斯图斯（Theophrastus）缄默地拒绝了这一记载（为 Cicero, De officiis 2.64 所引），而他们的史料则不可考。如果我对庇护制的分析正确的话，那么亚里士多德的说法可能是正确的。或许 Lysias 16.14 提供了一些证明。Connor (1968) 24—38 收集了相关材料，不过他似乎没有考虑到庇护制这一方面。
④ W. E. Thompson, "The Regional Distribution of the Athenian Pentakosiomedimnoi", *Klio* 52 (1970) 437—451.

的所在地。如果他们想要的话,在那里他们可以行使庇护制。我个人毫不怀疑其中有些人确实是想要这么做的,无论是以客蒙的方式还是以其他方式。一旦我们驱除了部落制度的幽灵,以及随之而起的克里斯梯尼以"地域取代血缘"作为政治关系和控制基础的这类错误说法,① 关于古风时代雅典政治的整个文献传统就指向村社和邻里,个人政治生涯从这个基地通过财富的使用和地方性的庇护而起步。例如,在梭伦改革之后的岁月里,邻里和地方是主要贵族家庭之间权力斗争的关键,要到庇西斯特拉图建立起僭主政治,这种斗争方告结束。②

值得注意的是,庇西斯特拉图在史料中留下记载的少数革新中,有两项显然旨在通过破坏孕育庇护人和被庇护人关系的主要途径,来削弱富有土地所有者的地方权力。庇西斯特拉图为农民设立循环贷款基金,并且建立了一个三十人的"村社法官"团进行巡回审案。前一项措施为农民提供了替代贵族的借款来源,后一项措施即使没有解除,至少也削弱了地方贵族的司法权力。③ 庇西斯特拉图是"僭主",但在此这一点并不相干。在这个早期阶段,

---

① D. W. Bradeen,"The Trittyes in Cleisthenes' Reform", *Transactions of the American Philological Association* 86 (1955) 22—30, at p. 22.

② 历史学家们通常把这一斗争看成是"地方主义"的一部分,但这就引入了关于"地区"经济差异的错误认识。关于这些讨论的详情及其合理的分析,见 E. Kluwe, "Bemerkungen zu den Diskussionen über die drei 'Parteien' in Attika...", *Klio* 54 (1972) 101—124。

③ Aristotle, *Constitution of Athens* 16.2—5. 这一次我被迫同意亚里士多德的现代批评者的观点。亚里士多德写道,庇西斯特拉图的动机是使农民待在家中,远离城市。这是没有证据地把他最偏好的政治判断之一归到了僭主头上。见《政治学》,1318b9—16。

任何个人或群体想要发展和强化城邦,都被迫争夺贵族对村社的传统把持,只有提供替代贵族作用的生存危机保障才能做到这一点。依此而言,伯里克利是庇西斯特拉图的直接继承者。他重建了显然业已不再存在的村社法官(亚里士多德:《雅典政制》,26.3),并且制定了一系列从国家金库给予穷人金钱帮助的措施,通常是通过为国家有偿服务、而非直接给予的形式。在庇西斯特拉图死后和伯里克利成为政治领袖之前,雅典城邦发生了巨大变化,尤其是海上帝国的形成和民主政治的建立。因此他们两人所使用的手段非常不同,但基本上他们试图消除的是威胁雅典政治结构的同样危险,即成为贵族庇护制温床的农民的贫困。换言之,庇西斯特拉图所关注的是业已被击败、但并非无力的敌对贵族带来的军事威胁,而伯里克利则不得不和像客蒙这样的贵族在五百人议事会和公民大会上争夺所有公民的投票,包括富有公民、中产阶级公民以及得以直接参与城邦管理的贫穷公民的投票。①

那么,克里斯梯尼的贡献是什么呢?他建立新的部落体制,以"混合所有人",这一措施如何阻止有权有势的个人利用庇护网络为其政治目的服务呢?因为史料如此之少,我们只能推测。其中的关键必定在于五百人议事会,它由每个部落的五十名成员组成,任期不能连续,其中每个村社至少有一名成员。议事会成员的这种强制性地理分布似乎大大减弱了地方庇护人能够施加的影响力。而在议事会成员以抽签选出——其时间存在争议而且显然是

---

① 应该充分强调,斗争是为了控制城邦中心,并非如 Davies (1971) 311 所说,是"地方霸主"客蒙和"民族政治家"伯里克利之间的斗争。

第二章　权威与庇护

无法解决的——之后，庇护人对议事会的直接控制就进一步减弱了。然而，公民大会却不受村社和部落机制的影响。所有公民都可自由参加，而且其公开的投票也是平等的。

庇护人还可通过相互之间的横向和纵向联合来克服克里斯梯尼的"混合"政策造成的某些影响，并以此集中其支持者的投票力量。在罗马更易于发现这类联盟的存在（不过对其运作细节则很少了解），因为高级官职经过激烈的选举产生（这在希腊城邦中很少见）。因罗马领土要辽阔得多，后来又日益随意地把新兼并的地区划入原有部落，其情况要复杂得多。记住意大利的部落划分图！这是一份归于西塞罗兄弟昆图斯的名为《竞选手册》(Commentariolum) 的宣传册子对他的规劝，此时他正在竞选执政官。然后这一点在这份宣传册子和当时其他的史料中得到进一步阐述。竞选的成功需要坚持不懈地培养和每个部落中关键人物的密切关系，他们能够发动足够的投票者以确保对部落团体票的支持。① 在为格内乌斯·普朗基乌斯（Gnaeus Plancius）被指控竞选市政官时有腐败行为进行辩护时，西塞罗本人说道："你们举出任何一个部落，我会告诉你们他是通过谁来获得选票的。"（《为普朗基乌斯辩护》，48）同样我必须坚持说，如果我所说的庇护制的客观因素在选举过程中没有起到重要作用的话，那么罗马就

---

① Taylor (1949) ch. 3 详细描述了罗马共和国最后几十年的做法。实际上所有记载都出自这一不正常时期，不过没有理由认为在前两个世纪里选举做法有根本上的不同，只是规模要小得多。——原注

罗马公民大会实行团体票制。以部落大会而言，每个部落全体公民的多数票决定该部落团体票的结果。——译者

会是历史上绝无仅有的了。在为另一个选举腐败指控进行的辩护中,针对跟随其当事人的一大群人收受了贿赂的指控,西塞罗先是否认任何形式的行贿,然后总结道:"普通民众(homines tenues)只有一个方式从我们这个等级中**获取恩惠和回报恩惠**,那就是在我们竞选官职的时候跟随我们。"其中对我所着重强调的部分应该不打折扣地加以理解。

总之,我所试图提出的是,对古代国家和政府的研究需要从精妙的概念这一层面深入下去,不仅探讨意识形态、"民族"自豪感和爱国主义、国家(DER STAAT)、战争的光荣和悲惨,还要探讨公民和不同阶级的公民之间的物质关系,以及较为常见的国家和公民之间的物质关系。然后还需要进行进一步的阐述,要考虑到对政治无动于衷的公民掺入的因素,以及那些成功藐视祖宗习俗和更正规的行为规则的人。我们还要考虑并且试图解释不稳定的城邦的失败,以及其稳定性最终遭到破坏的城邦的失败。在雅典、斯巴达和罗马这三个例子中,其中一个即雅典并未丧失其稳定性,而是被马其顿的优势军力破坏了其独立性。另两个以各自的方式成为自己军事成功的牺牲品。只有对政治和政治冲突进行更为具体的探究,才能明晰其中的就里。

第三章 政治

在一个经常援引的故事中,普鲁塔克告诉我们,在雅典举行的一次陶片放逐法投票中,一个不识字的农民请求身边的人在他的陶片上刻上阿里斯提德(Aristides)的名字。那人问他阿里斯提德做了什么坏事,农民回答说:"没做什么。我根本不认识他,但我厌恶到处有人称他为'公正者'。"当然那人正巧是阿里斯提德本人,他老老实实地按要求刻上了自己的名字(《阿里斯提德传》,7.6)。这是个具有教育意义的故事,但我的兴趣在于史家们为什么愿意相信它是真实的,并愿意从中得出关于阿里斯提德、陶片放逐法以及雅典民主政治的广泛结论。对于雅典政治领袖是高贵的绅士,不会做出游说农民和商贩的低级行为而玷污自己的形象(我勿需强调,这只是好政治领袖的形象,而不是像克里昂[Cleon]这样的人民领袖),一些史家表示怀疑。现在怀疑派取得了一个意想不到的胜利。第二次世界大战以后发掘出土的超过一万一千片刻有名字的陶片,主要出自制陶区。[①] 其中的绝大部分显然是在陶片放逐法投票之后大量丢弃的。然而在雅典卫城西坡上发现的一批共一百九十片全部刻有地米斯托克利的名字,由少数人刻写,显然是

---

① R. Thomsen, *The Origin of Ostracism* (Copenhagen 1972), pp. 84—108.

事先准备好,用于向潜在投票人分发,但最终未曾使用的。我们无法知道其余一万一千片中的多少是像这样事先刻好名字的,也无法知道普鲁塔克关于阿里斯提德的故事是否真实。他记载的许多故事是道德说教式的虚构,而且很难想象那批未曾用过、刻有地米斯托克利名字的陶片是整个陶片放逐法史上绝无仅有的这类策略的例子。我们必须决定什么是最可能的情况,而普鲁塔克关于雅典政治具有其他社会无可比拟的道德纯洁性的说法亦不能令我信服。①

罗马史的史家们面临更加困难的问题,因为他们拥有一批独特的古代文献,即西塞罗的书信。其中我们能读到西塞罗在公元前65年7月写给好友和知己阿提库斯的信:"眼下我在提议为我的(执政官)竞选同伴喀提林辩护。我们有支持我们的陪审团,控告方也完全合作。如果他被判无罪,我希望他更倾向于在竞选中同我合作。"②喀提林因为在任阿非利加行省总督期间敲诈勒索而面临审判。不知是出于什么原因,西塞罗最终没能为此案辩护,而喀提林则在没有西塞罗帮助的情况下被判无罪。两年之后,西塞罗带头挫败了喀提林阴谋。这也很能说明问题。但是并不能轻率地认为这类文献和这种情形反映的情况统统是"腐败"。拉选票、

---

① 传统观点已经深深扎根,这体现在 W. den Boer, *Private Morality in Greece and Rome* (*Mnemosyne*, Supp. 57, 1979), p. 184: "据说在谴责地米斯托克利及其政策的投票之前,刻有他名字的陶片已经到处都是。毫无疑问这个欺诈发生过,但不能说这是普遍的情况。"最近对普鲁塔克作为公元前5世纪雅典的史料并不可靠的论证,见 A. Andrewes, "The Opposition to Pericles", *Journal of Hellenic Studies* 98 (1978), 1—8。

② D. R. Shackleton Bailey 译。

游说、相互帮忙、回报和恩惠、结盟以及交易都是每个社会真实政治中的基本策略,腐败与否的区分不仅极其困难,而且根据观察者的伦理体系而变化。并非所有人都同意柏拉图的观点。

我用"政治"一词表示比起迈克尔·奥克肖特(Michael Oakeshott)的定义更为具体、更为狭义的东西。后者认为政治是"处理一群偶然或是特意聚集起来的人的总体安排的活动"。① 这一受到广泛接受的定义包含了各种可能的人群,从一个家庭、一个俱乐部、一个松散的部落单位到最专权的专制君主制或僭主制。我无法看出它具有什么分析性的用途或是其他什么有意义的用途。在我看来,有三个区分是必要的。第一是国家和国家内部各种群体的区分,无论是社会群体、经济、教育抑或是其他什么群体。在此我并不考虑像"学术政治"这类的象征性说法。第二是其中决策具有约束力并且可执行的国家与其中决策没有约束力并且不可执行的前国家组织之间的区分。第三是某个个人或一小撮个人具有绝对决策权(无论之前进行了多少咨询)的国家与通过讨论、争论,最终以投票做出约束性决策的国家之间的区分。我并不把我的定义限制在民主政体之内,讨论可以局限在社会成员中的一个部分(例如在寡头政体之下),或主要局限在当选代表之间,或局限在一个有限范围的事务的决策之内,但讨论决策必须不仅仅是咨询性的。这是我把分析的范围局限在城邦世界,尤其是把罗马帝制时代排除在外的原因。在"皇帝之决定即具有法律之效力"(*Quod principi placuit legis habet vigorem*)的原则占统治地位

---

① M. Oakeshott, in Laslett (1956) 2.

的地方——即使只是精神上的,那也只是候见厅的管理而非议院的管理,因而在我的意义上没有政治可言。也就是说,尽管元首政治期间存在议事,但最终的而且实际上不受约束的政策决定权在于一个人,而不在于投票者(甚至不在于组成元老院的区区几百人)。

诚然,还有一大片不易划分的灰色地带,例如塞琉古王国的城市或罗马帝国治下的城市,它们在狭小的地方范围内拥有自治的特权。我把后者排除在我们的探究之外,因为其政治对于研究压倒一切的专制君主之下的精英集团的社会心理具有意义,但对于研究政治行为则不具足够的意义。我们可以比较两份文献,它们是否纯粹是文学创作并无关紧要:一是色诺芬《回忆苏格拉底》(3.6)中苏格拉底和格劳孔(Glaucon)的简短对话,一是普鲁塔克可能于公元 100 年左右所撰写的长论《政治箴言》(*Political Precepts*)。两者表面上都是给具有政治抱负的上层阶级青年提供建议。苏格拉底集中于讨论关于财政、军事资源、防御、银矿、粮食供应等详细知识的必要性,①而普鲁塔克则喋喋不休,满是说教,援引许多希腊罗马作家和故事,谈论的全都是端正的行为、诚实、生活方式、选择正确的朋友和庇护人等,尤其是演说。在这篇专论中几乎无法找到哪怕是关于过去的实际事物的讨论,没有什么能够阐明过去或现在的政治。这两者的区别不是两种不同个性或性情的区别,而是反映了两种完全不同的情形。我相信普鲁塔克本人在专论中间所说表明了这一点(《道德论集》,813D—E):"你在担任任何职位时,

---

① 参见 Aristotle, *Rhetoric* 1359b19—60a37。

第三章　政治

必须注意伯里克利的考虑……'当心点,伯里克利,你统治的是自由人,是希腊人,是雅典公民!'但是你还必须告诉自己:'你虽然担任官职,但也是臣民,你是在一个总督控制的城市中,一个恺撒的代理人控制的城市中。'"

我们意义上的政治在前现代世界的人类活动中十分少见。事实上它是希腊的发明;或许更为正确地说,是希腊人和埃特鲁里亚人(Etruscans)及(或)罗马人分别发明的。也许在"近东"还有其他早期的政治共同体,至少在腓尼基人之中是这样。然后他们把自己的制度带到了西方的迦太基。亚里士多德列入其一百五十八部不同城邦政体专论的唯一一个非希腊国家就是迦太基。这部专论业已散失,不过其中的一些信息保存在了《政治学》(尤其是1272b24—73b26)中。没有理由认为腓尼基人的政治大量传播到了希腊人或埃特鲁里亚人那里(我认为埃特鲁里亚人奠定了罗马政治制度赖以发展的基础)。在埃特鲁里亚人和罗马人的兴起阶段,西西里和意大利的早期希腊共同体施加了多少影响是饱受争议和无法回答的问题,实际上也是无足轻重的问题。对这个问题的回答无论如何也不能说明希腊和罗马世界政治和政治制度发展的不同方式。

我之所以强调独创性,着眼点还在于其必然的推论,即希腊人和罗马人处于不断创新的无情压力之下,因为新的,而且常常是没有预期到的问题或困难不断出现,必须在没有先例或模式的情况下予以解决。因此出现了一系列我们熟悉的"奇怪"设计和制度,诸如雅典克里斯梯尼的部落组织、陶片放逐法和"违法提案起诉"(*graphe paranomon*)——对此我们将进一步讨论,罗马的保民官

"否决权",尤其是百人团大会特别的投票程序。关于后者贝迪安正确地说道:"任何人在研究了经过改革的罗马百人团大会之后,都会认为没有什么是不可能的。"①大卫·休谟觉得难以理解"罕见的和显然荒谬的""违法提案起诉"这个雅典在公元前5世纪制定的程序。它使得任何公民可以控告另一个公民在公民大会提出了"违法提案",**即使拥有最高决策权的公民大会批准了该提案**。②这类设计的有意义之处,不仅在于它们自身是人类政治领域多种多样发明创造的例证,而且在于(并且更多地在于)其各自的历史是极好的研究个案,让我们更好地理解制度被引入政治体制之中后,能够如何被转向和歪曲,有时甚至面目全非。我必须再一次强调,从蛊惑人心、大众腐败、衰落和崩溃的角度来解释这个问题是错误的,因为它是古代政治史的一个核心线索,在现代政治史上也很容易找到类似情况,尽管并不经常是如此的栩栩如生。

我们的史料并无太大帮助。希腊人和罗马人发明了政治,而且众所周知,他们也发明了政治史,或者说作为军事和政治史的历史学。但众人所知并不准确:古代的历史学家所书写的是政策的历史,这和政治并非同一回事。他们书写的主要是外交政策,只在激烈的冲突升级为内战时才关注政策制定的机制(除了元老院和公民大会的演说之外)。举修昔底德为例,一旦我们去除他对科西拉(Corcyra)内战的精心记叙和其他简短的内战叙述、理想类型的演说以及未及修改的末卷中对公元前411年寡头政变的记叙,对

---

① E. Badian, "Archons and *Strategoi*", *Antichthon* 5 (1971) 1—34, at p.19.

② "Hume's Early Memoranda, 1729—1740", ed. E. C. Mossner, *Journal of the History of Ideas* 9 (1948) 492—518, no. 237.

第三章 政治

政治就只剩下最偶尔的提及了，而且通常是为了表达道德判断的需要。例如，他一笔带过地写道（8.73.3），某个希泊波洛斯（Hyperbolus）"遭到陶片放逐法放逐，并非因为害怕他的权力或声望，而是因为他是个恶棍，是城邦的耻辱"。从政治运作的角度来说，这是荒唐可笑的。只有普鲁塔克在偶然提及的一个故事中透露了真实情况（《尼基阿斯传》，11）。可能是在公元前416年，当阿尔基比阿德斯（Alcibiades）和尼基阿斯（Nicias）的矛盾达到顶点，其中一方可能遭到陶片放逐法放逐的时候，双方乃联合起来成功说服其支持者投票放逐了希泊波洛斯。和阿里斯提德的故事不同，这个故事真正是有可能性的。如果历史学家们认真对待这个故事，而不是迫不及待地把它仅仅当做大众堕落的又一个象征、一个"用心险恶的阴谋"的话，①就不会对前述事先刻写地米斯托克利名字的陶片感到如此意外了。

除了一些年代上的谜团之外，陶片放逐法的历史并非十分神秘和困难，但大部分相关的现代研究却偏偏乐此不疲。陶片放逐法是在庇西斯特拉图僭主政治垮台之后，民主政体建立之时制定的。雅典人以其特有的和不可避免的创造性，决定如果通过至少有六千人投票的正式程序把一个明显成功的民众领袖驱逐十年，就能降低出现另一个僭主的风险。很快政客们发现陶片放逐法是个消灭对手的有用手段，这简洁地说明了口头文化的一个含义，即如果从肉体上把某个人移走，他就无法和公民群体交流了。但它

---

① Hignett (1952) 165. 对于希泊波洛斯事件的合理分析，见 Andrewes 对修昔底德这段记载的评注和 Connor (1971) 79—84.

却是把危险的"双刃剑",因此使用也谨慎。在公元前443年至公元前416年希泊波洛斯遭流放之间,没有明确的实施陶片放逐法的例子,而在公元前416年之后它就悄无声息了。与此相反,"违法提案起诉"最初旨在用于给予雅典人机会重新考虑可能是公民大会轻率通过的决定,却证明是领导群体内部斗争的有用武器,因此时常受到利用。①

如果"用心险恶的阴谋"的轻慢说法不仅仅是以学究式崇高思想看待政治(所有古代和现代的政治)的话,就是历史学家被史料牵着鼻子走的可悲习惯的绝好例证。我们充分地知道在希腊古典时代,有足够的主要文献——包括历史学家、哲学家和宣传家的著述——对主导性的政治实践带有敌意,并从道德层面表达他们的厌恶。我勿需列举太多例证,这不会加强我掀开道德说教面纱,寻求政治真实性的呼吁。我也勿需在论及罗马时重复这一看法。尽管存在差异,尤其是极其偏向于富人和少数人的罗马制度没有受到罗马作家和希腊评论家的大肆攻击,但罗马的文献同样集中于政策,同样缺乏对政治的持续兴趣(西塞罗的书信除外,这和他的理论著述及历史典故形成对比)。所谓第三次布匿战争(公元前149年至公元前146年)中对摧毁迦太基的决定的激烈争论足以说明问题。尽管罗马统治圈内部的分歧"肯定是罗马内部政治中

---

① H. J. Wolff, *Normenkontrolle und Gesetzesbegriff in der attischen Demokratie* (Sitzungsberichte der Heidelberger Akad. d. Wiss. , Phil. -hist. Klasse 2, 1970)取代了此前所有对"违法提案"的论述。M. H. Hansen, *The Sovereignty of the People's Court in Athens...* (Odense Univ. Classical Studies 4, 1974), pp. 28—43 概括了公元前415年至公元前322年间已知的三十九个违法提案案例(其中一些不确定),其中也许有半数被判无罪。

一个非常重要的因素……但却很少能够了解其踪迹"。①

我相信,我也勿需花费笔墨讨论宪法和政治的根本差别。由于大量的罗马法学文献保存了下来,更由于蒙森《罗马公法》杰出的知识建构的影响,陷入宪法陷阱的习惯在罗马史家中也许更为常见。因此史家们无休无止地争论元老院对行政长官的权威的性质和限度,就好像他们不是出自一个贵族小圈子的同一群人,好像他们在采取正式措施之前并不磋商一样。②希腊史也没有幸免于此。最近出版的一本关于雅典五百人议事会和公民大会在立法中的相对作用的长篇专著,直言试图确定"立法和决策程序",宣称纯粹通过对单一的"议会"机制的正式(和错误的)分析达到了这一目标。③

当然成文或非成文的宪法提供了一个框架,政治活动在其中进行。这一点几乎是不言自明的。对希腊和罗马政体与政体历史的讨论是最常见的,其详情可见于标准的手册、教科书和专著,在此我不准备复述。然而,一些一般性要点对于政治研究非常必要,而不能不予以强调(下一章则将对一些具体要点进行再探析)。

首先我们必须进行一个概括:每个城邦的政府都至少有一个大型公民大会(通常只有一个)、一个或几个小型议事会和一定数

---

① Astin (1967) 53.

② 对于相关讨论的评述,见 W. Kunkel, "Magistratische Gewalt und Senatsherrschaft", in *Aufstieg und Niedergang der römischen Welt*, ed. H. Temporini I 2 (1972), pp. 3—22。

③ R. A. DeLaix, *Probouleusis at Athens* (Berkeley 1973). 关于这一连范围也有限的研究的错误之处,见 H. W. Pleket 在 *Mnemosyne*, 4th ser., 31 (1978) 328—333 中的评论。

量在有资格者中轮流的官职,通常是一年一度的轮流。这些群体的构成、其选举方法、权力和名称在不同地方和不同时间都各不相同,但公民大会、议事会和官员的三分体制却无处不在,以至于可以把它等同于城邦政府。现有的最早证据来自于一些分散的地方,如公元前 600 年以前克里特的德里罗斯(Dreros)和斯巴达,紧随其后的可能是雅典、公元前 6 世纪中期的克俄斯(Chios),到公元前 500 年,希腊的一个落后地区洛克里斯(Locris)和罗马也有了这样的证据。这份清单的唯一意义在于它毫无规律可循。我们之所以了解斯巴达、雅典和罗马的情况,是因为它们是斯巴达、雅典和罗马,其深厚的传统得到大量文献的记载。我们对德里罗斯、克俄斯和洛克里斯的了解则是出于偶然幸存的简短石碑或青铜铭文,其信息仅仅包括公民大会、议事会和官职的存在。① 在任一地方这一体制的建立要先于最早的记载多长时间,已无法为我们得知,而且对我的分析来说并不重要。同样,我们是否接受梭伦第一个在雅典建立起一个议事会的文献传统也无关紧要。

但细节的差异常常导致重大的后果,无论是有意还是无意的。特别是如果比较罗马和雅典的话,就不可能不注意到一个根本的区别。在雅典,绝大部分官职都限于一年任期,五百人议事会成员限于各为一年的两次任期。* 明显的例外是公元前 5 世纪早期设置的将军一职,它是国家最有威望的官职,由选举(而非抽签)产生并且可以无限期连任。相反在罗马,原则上所有官职都限于一年

---

① 出自德里罗斯、克俄斯和洛克里斯的铭文分别见 Meiggs/Lewis (1969) nos. 2, 8 和 13。——原注

* 但不能连任。——译者

的任期(实际上这一原则被打破了,但在罗马共和国的最后一个世纪以前不那么严重),而议事会即元老院是个终身任职的机构。因此一个具有政治野心的雅典人可以接连竞选将军一职,作为其活动的重要(却非必要)基础,而罗马人则不能做类似的事情。一旦担任过一年的执政官之后,罗马人只能通过元老院或非正式渠道施加影响。

这种三分的政体结构是基于效率的需要,或至少是基于形成一部可运转的机器的需要,其建立并非基于像孟德斯鸠所发展的权力分立这样的思想(尽管诸如亚里士多德这样的理论家在事后简略论及了这样的思想,见《政治学》1297b35—1301a15)。在司法领域也没有现代意义的权力分立。当然存在法庭机构,但它和其他部分重叠,议事会和公民大会也有权作为重大案件的审判法庭,或者在另一个极端,行政长官也有全权惩罚某些类型的犯罪。[①]

原则上政府中也没有民事和军事部门的分立。不仅军队由公民兵组成(不过水师并不通常如此),而且指挥官也是由高级民事官员担任。斯巴达在这一领域的独特性仅仅是一个普遍的城邦制度延伸到了其逻辑上最为极端的结果。雅典的十名将军每年由选举产生,公元前5世纪担任将军的人中包括当时最著名的政治领袖,他们被选为最高军事指挥官,是因为他们的政治影响,而不是其军事才能。在罗马,波利比乌斯告诉我们(6.19.4),只有在军队中服役十年以后才能担任政治官职。对此学者们存有争议,不少学者提出特别解释,试图否定这个简单的陈述,但其基本的正确性

---

① Nippel(1980)取代了之前对这一问题的研究。

毫无疑问,执政官负责率领军队作战亦毋庸置疑。因为罗马共和国历史上战争是常态,这意味着指挥军队是每个执政官的正常职责。①

如上所述,原则上民事职务和军事职务是合二为一的,而且值得注意的事实不是在实践中最终明显偏离了这一原则,而是如此顽强地坚持它。在伯罗奔尼撒战争期间,斯巴达被迫打破军队由两位国王指挥的原则,仅仅是因为有不止两支军队同时作战,但这一原则并没有被抛弃。公元前4世纪,希腊城邦大量使用职业将军和雇佣兵,但公民兵仍是军队的基础。然而值得注意的是在雅典,像欧布洛斯(Eubulus)和德谟斯梯尼②这样的政治领袖不再像前一个世纪里的伯里克利和克里昂那样,认为指挥军队对维持他们的地位是必要的。至于罗马,传统公民兵在马略(Marius)、苏拉(Sulla)、庞培(Pompey)和恺撒这类指挥官之下获得了某些私人军队的特征,这一深刻的转变为人熟知,因而勿需详述。但是必须要强调的事实是,在公元前2世纪晚期这种转变开始之前,罗马业已征服了意大利、迦太基、西班牙部分地区。

当然变化是政治史的应有之意。从终极分析来说,某种形式的变化是政治分歧和冲突的目的,也是其结果。因此我们必须从大体的政体轮廓转向重要的变量。首要的变量是规模。大部分希腊城邦的成年男性公民不到一万人,其中许多不到五千人。罗马在两到三个世纪里兼并的意大利城市也是如此。这些小城邦的所

---

① Harris (1979) 10—41 在题为"贵族与战争"的部分进行了出色的详细论述。
② 不应混淆公元前4世纪的演说家和政治家德谟斯梯尼与本章后面将要提到的公元前5世纪的同名将军。

有公民都能聚集一起参加公民大会。我们认为其政治活动的风格和性质与雅典和罗马有所不同,因为雅典拥有三万五千到四万名成年男性公民,而罗马则还要多得多。遗憾的是我们无法证明这一假设。唯一一个史料有所记载的较小国家是不典型的斯巴达,但若从斯巴达推测像米提林(Mytilene)、西居昂(Sicyon)或卡普亚(Capua)的情况会是愚蠢的。

所有这些相对的规模都必须时时予以考虑。我们最好的猜测是,罗马帝国最为鼎盛之时即公元1世纪初,其总人口等同于现今英国的人口,或者略多。这个时期也是古代世界城市化达到顶点的时期,然而规模超过贝尔法斯特(Belfast)或迈阿密(Miami)的城市不到六个,除罗马外没有城市有利兹(Leeds)或米尔沃基(Milwaukee)的人口那么多。不过在此重要的不是人口总数或者与现代的比较,而是满足古代需求的相对能力。在一个技术落后、主要由小土地所有者组成、有着严格分层社会结构以及孜孜不倦地进行地方战争的世界里,人口少于一万人的独立城邦经常处于不稳定的状态,缺乏资源和人力使自身免受自然灾难(例如连年饥荒)的政治和社会后果,以及不断的军事冲突的社会和政治后果。因此,其政治经常崩溃于公开内战,并常常伴随将城邦出卖给这个或那个强国的行为。① 诚然,由于史料的不足,这仅仅是一种印象。但这是将下层阶级纳入政治共同体所付出的一个代价。只有较大城邦可以避免,不仅通过对外使用武力,而且通过"以和平方式"使用其更多资源的能力,例如通过控制海上航线。这是国内和

---

① 关于小城邦不可避免的政治"波动",见 Heuss (1973) 19—24。

外交事务的密切关联影响国家内部政治走向的最好说明。①

我们不可低估战争对古代政治的影响。罗马无与伦比的战争和征服记录不应让我们忽视这样一个事实,即在绝大多数希腊城邦,尤其是斯巴达和雅典的历史上,也很少有不打仗的年份,几乎没有连续不打仗的年份。我们也必须时时记住,公民兵承受了战争的最大冲击。而且在包括雅典和斯巴达在内的许多希腊城邦以及罗马早期,做出战争决策的人主要就是那些直接参与打仗的人,包括从指挥官直到社会经济等级上的下层,即拥有少量财产、组成重装步兵的人,有时甚至直到充任战舰水手的穷人。

变量随即成倍增加。首先要区分征服国家——即那些令拥有相对广阔的领土或大量以前独立的城邦臣服于其权威的国家——和其他非征服国家。征服的一个直接后果是臣服城邦政府体系及其政治的改变、扭曲,有时是完全破坏。概言之,霸权国家支持并经常在臣属国家强行建立它们偏爱的政体,并且经常进行政治和军事干预以获得想要的结果。僭主是征服者时,即偏爱建立僭主政体,例如在西西里;在雅典的势力范围内则推行民主政体;而在斯巴达和罗马控制的地方则建立寡头政体。② 而在接受的一方即臣属城邦,不同派系不仅在政体形式(寡头政体或民主政体)冲突

---

① 应该感谢奥托·欣策(Otto Hintze)为现代史家恰当理解这一辩证关系所做出的贡献,尤见 Hintze (1962) 34—40,53—56。这种辩证关系是 Heuss (1973)的核心主题。参见 Schuller (1979)。

② 在斯巴达一例中我在此仅指伯罗奔尼撒同盟的"盟友"国家,不包括美塞尼亚人。他们被降为黑劳士,对斯巴达的体制产生了决定性影响,对此第一章已简要讨论过。见 Finley (1975) ch. 10;关于伯罗奔尼撒同盟,见 de Ste Croix (1972) ch. 4。

第三章 政治

中,而且在寡头政体内部的权力斗争中,都急于寻求外部军事支持。① 同样,在此现有史料让我们失望,它们主要关注的是霸权国家,仅仅在臣属国家被外部施加的压力和要求所左右时,偶尔提供了其政治的些许线索。② 更为准确地说,古代作家的记载限于政体问题以及暗杀、流放和抄家的故事梗概。在关于公元前427年科西拉内战的精心记载中,修昔底德的陈述(3.82.1)是个范例:"在战争期间,当每一方都总能够依仗盟友有害于对方而有益于己的时候,那些希望变革者即易于召来援助。"

在我们讨论的整个时期都有许多的例子能够说明修昔底德的概括,但都是千篇一律的,并且对于调兵遣将的政治细节缺乏有用的记载。只有在更为强大的、征服型的国家中,政治反应才能在史料中有所反映,但也是千篇一律的。当然斯巴达是独一无二的。在大量黑劳士劳动的基础上,其公民群体成为全职军队,由两位世袭国王统率,这种情形在各方面都和其他所有城邦的公民群体不同。但有太多情况不为我们所知。例如,亚里士多德告诉我们,两个国王被迫讨好(demagogein)监察官(ephors),后者每年以"幼稚"的方法选举产生,长老会成员则被操纵选出,任职终身。③ 但他并没有告诉我们细节,因而不十分有用。斯巴达的公民兵从小接受严格服从的训练,但当他们组成公民大会时,则要在国王和监

---

① I. A. F. Bruce,"The Democratic Revolution at Rhodes",*Classical Quarterly*,n. s. 11 (1961) 166—170 和 "Internal Politics and the Outbreak of the Corinthian War",*Emerita* 28 (1960) 75—86 指出,寡头集团的内部斗争常常导致外部干涉。

② 总体情况见 Finley (1978a) 11—14,(1978b) 124—126。

③ 分别见《政治学》1270b14,b28,1306a18。

察官提出的不同提案间进行抉择,却没有任何古代作家讨论他们的心理活动。我们可以有把握地猜测他们所面临的压力和雅典(或其他城邦)公民大会中的不同,但仅此而已。然而我们知道有时在政策上存在激烈的分歧,需要在政治上予以解决。① 现有记载照例限于军事和外交事务,但公元前397年基那东(Cinadon)流产的起义揭示出长期存在的内部危机。由于土地所有权非常集中,越来越多的斯巴达人被剥夺了全权公民权,并带来了灾难性的军事后果。在斯巴达取得最终胜利即在伯罗奔尼撒战争中击败雅典仅仅两代人之后,即已衰落为相对次要的城邦。虽然有趋向于建立准私人军队和军事君主制的迹象,但其领土和人口资源太过稀缺。

罗马则以不同的方式表现出独特性。从有记录的历史一开始,她就是一个不间断的征服国家。一方面,她不断兼并领土并将农民(公民)安置在充公的土地上;另一方面,她保留了城邦的框架和一定的民众政治参与。这两者的结合在历史、社会和政治的各个方面都打下了特别的罗马烙印。② 雅典最初就有大一些的领土基础(整个阿提卡如何成为一个城邦,仍是雅典早期历史中一个没有解决的谜团),但在公元前5世纪,她在没有兼并领土的情况下建立了一个向她缴纳贡金的帝国,尽管也没收了一些土地安置雅典公民。这种不同对领土的大小产生了巨大影响。公元前5世纪中期雅典的领土面积和人口数量达到顶峰,不过公元前3世纪末

---

① 我们所知的情况见 A. Andrewes, "The Government of Classical Sparta", in Badian (1966) 1—20;参见 D. M. Lewis, *Sparta and Persia* (Leiden 1977) ch. 2。

② 见 Brunt (1971a) ch. 1 的精彩论述。

第三章 政治

罗马的领土已是雅典的十倍，其人口数量可能是雅典的八倍，而且此后很长时间内，罗马的领土面积和人口数量仍然稳步增长。

如此规模的差异不可能不造成政治影响。实际上征服在罗马历史上占有如此中心的位置，以至于我们会不断回到这个问题。也许最明显的影响在于政体和政治精英的作用，在于政治领袖的选拔及其行为。在这一点上我认为使用民主政治和寡头政治这种传统的标签，或是现代学者偏爱的"温和"和"激进"民主政治这类改进的说法均无裨益。政治从本质上来说是竞争性的，首要的区分是两种社会之间的区分，其一将竞争局限于公民群体中的有产阶层，这是狭义上的寡头制；其二是贫穷阶级有一定的参与权利。令人遗憾的是，史料的缺乏使我们不能对希腊和意大利寡头制国家的政治进行有意义的讨论。亚里士多德《政治学》和历史著作中的少量记载表明，其政治可以是激烈而丑陋的，但我们所知大体仅限于此。只有雅典和罗马得以让我们进行分析，而且，无论差别多么大，它们都有一个共同因素，那就是民众的参与。因此，无论政治领袖是什么人，也无论他们是如何取得其地位的，都不仅被迫在他们自己之间进行策动，而且被迫调动民众的支持以达到各种目的。这就是政治，而史学家们强调公民大众缺乏主动性，然后总结说因此他们"实际上"不起多少作用，这种做法回避了所有问题。

在整个城邦时代，政治领导权由公民群体中的富裕阶层所垄断，这是确凿的事实。我们已经做出了一些解释。其中有心理原因，它发源于传统等级社会及其稳固发展起来的"习惯"（nomos）和"祖宗习俗"（mos maiorum）的意识形态；也有很强的财政原因：富裕阶级负担了不能转嫁给被征服人民和臣民的政府和战争花费。对公众和私人的慷慨成为有志于成为领袖者的义务和工具。在罗马,慷慨的标准日益增高。同时不仅政治活动需要空闲时间,而且必要的技能培养,尤其是演说技能的培养,以及(在一个非常依赖口头交流并且缺乏官僚机制的世界里)专门知识的获得也需要空闲时间。

简言之,领袖层面的政治是一种全职活动,一种生活方式。因此说"一些家庭具有涉足公共事务的传统,鼓励和期望其子弟参与政治",①是真实的,但仅仅是部分真实。个人需要**选择**投身政治,然后还需要取得成功。家庭提供一个有利的开始和持续的支持,但在他的整个政治生命中,他本人得跑完全程,而这是一个永远的障碍赛。障碍是他的竞争者为了争夺领导权而设置的,他面临的风险十分巨大。许多具有政治传统的家庭的子弟要么对政治不感兴趣,要么没取得成功。在雅典,这种情况以一种负面的方式体现出来。伯里克利死后,领导权从传统的"贵族"家庭转到现代史家们所谓的"新政客"——一个和罗马"新人"(*novi homines*)的拙劣类比——手中。

事实上我们无法清点人数。史料中提到的政治人物太少。我前面提到的陶片上最经常出现的人物却别无记载,而且刻写他们

---

① Connor (1971) 10. 较他更不审慎的学者更进一步。最近有学者毫无根据地重建了公元前480年代雅典的派系政治,推定早在具有抱负的雅典政治家获得行政官职之前,其显赫宗族(*genos*)的成员资格即已使他自动获得事实上的政治认可。见 G. M. F. Williams, "The Kerameikos Ostraka", *Zeitschrift für Papyrologie und Epigraphik* 31 (1980), at pp. 106—107. 其所指为客蒙,他在其父去世时最多只有二十四岁。这种认识纯粹基于常见的现代(而非古代)氏族(*genos*)神话,很容易被证伪,见 F. Bourriot, *Recherches sur la nature du génos* (2 vols., Lille and Paris 1976).

第三章 政治

名字的陶片太多,而不能被斥为是虚构的名字,像今天出现在投票中的假名那样。例如,有近七百片陶片刻有墨内克莱德斯(Menekleides)之子门侬(Menon)的名字,超过二百五十片陶片刻有阿里斯托尼莫斯(Aristonymos)之子卡利色诺斯(Callixenos)的名字。① 关于罗马人物的记载更为全面,似乎表明她是一个狭小的寡头制。我可以援引一系列为人熟知的数字:从公元前232年到公元前133年的两百名执政官出自五十八个贵族家族(gentes),其中一百五十九名出自二十六个家族,九十九名出自仅十个家族。② 不过即使在这一百年的时间里,也还有统治家庭的子弟未能成为执政官,也还有"新人"进入这个严格控制的小集团。并且最为重要的是,实际上只有少数执政官是政治领袖。

但是无论多么无能,对政治多么无动于衷,执政官在任职的一年中都享有"治权"(imperium),副执政官亦是如此。在《论法律》第三卷的开头,西塞罗坚持说,在本质上"治权"是维护正义和秩序所必要的。他这么说时不过是总结了罗马人长期接受的信条而已。接着他说道:"真正可以说行政长官是说话的法律(lex loquens),而法律则是沉默的行政长官。"因此,服从行政长官是正

---

① 在 Davies(1971)的有产家庭名录中,卡利色诺斯位列9688 VII。门侬未出现在名录中,因为当时尚未发现史料。还在只发现了一千五百片陶片时,Connor(1968)124—127 已经指出了用于陶片放逐法的陶片的这种意味。

② H. H. Scullard, *Roman Politics* 220—150 B.C. (2 ed., Oxford 1973), p.11. 斯卡拉德把这说成是家庭,是具有误导性的,如同布朗特指出的:"并不能肯定他们(gens 的成员)有血缘关系,而且有时很清楚的是,即使他们有共同的祖先,他们的关系(除非以婚姻加固)已经变得遥远了。"在此希腊和罗马可比性不大,因为希腊的家庭比罗马的"家族"更为核心,罗马则出于政治目的而更多地采取收养的方式,也因为希腊城邦没有像罗马的执政官或副执政官那样的焦点官职。

义社会的一个必要条件。"治权"一词的根本含义是"命令"、"指挥",带有明白无误的军事色彩。与此相似,组成百人团大会的"百人团"也起源于军事单位,它和"治权"一样,也把我们带回到罗马共和国的开端,带回到这个征服国家以及军事和民事领导权的不可分割。"治权"的可见象征是"法西斯"(*fasces*,以红绳捆扎的成捆短棒和斧子),由扈从携带,随时伴随执政官和副执政官。它提醒当时的罗马人记住城市权威的军事基础。罗马人勿需学者的解释来将这两者联系起来。①

希腊城邦则没有类似的情况(斯巴达的两位世袭国王可能是例外,但最多也只是部分例外)。希腊人也没有发明像正式的凯旋式这样的制度,李维把这一奖励说成是罗马能够授予的"最为宏大的荣誉"(30.15.12)。凯旋式并非轻易授予,即是说,申请者通常需要进行政治运作以取得成功的结果,它也常常在元老院,有时甚至在元老院之外引起争论。② 和"治权"一样,凯旋式明显具有神圣的一面,③因此它把宗教和军事荣誉的考虑施加于政治之中。总体而言,宗教为那些业已掌权者提供了政治操控的机会,对此我们可以之后讨论,但军事荣誉无疑是赢得领导权的一个因素,这是

---

① 见 E. S. Staveley, "The Fasces and Imperium Maius", *Historia* 12 (1963) 458—464; B. Gladigow, "Die sakralen Funktionen der Liktoren", in *Aufstieg und Niedergang der römischen Welt*, ed. H. Temporini I 2 (1972), pp. 295—314; Mommsen (1887—1888) I 373—393。

② 见 J. S. Richardson, "The Triumph, the Praetors and the Senate in the Early Second Century B. C.", *Journal of Roman Studies* 65 (1975) 50—63。该文涵盖的时间比题目要更广泛。

③ H. S. Versnel, *Triumphus* (Leiden 1970)。

第三章 政治

我们在此要讨论的。

要进行评估却殊非易事。我们讨论的是指挥官而非步兵或军士,而历史上将军们宣称获得的凯旋式又是十分的不确定,即使是那些为公众所接受的宣称。其次,在这个问题上我们的史料甚至更不可靠。对著名人物早年的记载经常是在事后虚构或半虚构的,是为了符合成名人物的身份。不过这种虚构作为一种类型也是有意义的。它一致表明,适当的军事生涯,而且如果可能的话,一个具有取得军事成就的传统的家庭,对于著名人物来说都是不可或缺的。老加图(Cato the Elder)的例子足以说明问题。[①] 据说在整个古代世界"没有任何将军……不感到有必要至少在一个情形下,以某种受尊敬的行动来证明自己的个人品质"。[②] 但即便如此,最为苛刻的怀疑论者也不能否认,希腊罗马军队中的指挥结构为上层阶级所垄断,诸统治家庭的个体成员别无选择。和政治不同,(直到公元前1世纪)他们还不能逃避军事指挥的职责,至少"分队"一级的指挥职责。最贫穷公民以外的所有公民也没有选择。苏格拉底已届四十之后,还至少两次以重装步兵身份参战。

现代的经验中没有什么可以与之相比。当时战争是正常生活的一部分。并非所有时期战争的激烈程度都可和希波战争、伯罗奔尼撒战争或汉尼拔战争相比,但几乎没有一年是不需要做出战争的正式决定、之后集合军队、进行军事准备、最后进行一些作战的。参与这类决策的大部分公民已有战争的亲身体验,而且也能

---

① Astin (1978) ch.1—2. 他倾向于接受其宣称。
② Garlan (1975) 148;参见 Harris (1979) 38—40。

预料到会再次被召入伍。军队是严格意义上的公民军队：没有军人阶级，没有区别于平民社会等级的军士等级。因此，需要政治领袖曾经具有并不断证明其军功，不仅是严肃的，并且是可以理解的。

当然，我们无法知道每个个案的微妙之处。我们的确无法知道阿里斯提德或伯里克利抑或老加图是否是称职的将军，更不用说知道他们是否出色；我们无法知道雅典在伯罗奔尼撒战争中看起来最有能力的两位军事将领拉马科斯（Lamachus）和德谟斯梯尼，却为什么似乎对政治毫无兴趣；我们也无从知道一些具有卓越军事记录的罗马人竞选执政官的目的，是否仅仅为了荣誉而没有真正的**政治**野心。我们还无法评判修昔底德在详细记叙公元前425年克里昂的所作所为时所表现出来的鄙视和厌恶。他记载道，后者先是夸口说要在二十天内重夺皮洛斯（Pylos），而后真的做到了(4.27-37)。然而无论克里昂的真实性格或军事才能如何，即使是这个故事也很好地说明了上述模式。

同样我们要注意到希腊——即是说雅典——和罗马存在的重要差别。在古典雅典，在诸如执政官这样的传统官职和高级军事指挥权之间没有自动的联系。十将军是最不典型的官职：他们由选举产生，而非抽签产生；并且他们可以再次当选，显然是因为出名的军事指挥才能被认为是必要条件。然而我们并不全面的史料表明，事实上可以分辨出三种不同类型的将军。一类是像客蒙和阿尔基比阿德斯这样的人，既具有军事才能也有政治野心；一类是像拉马科斯和德谟斯梯尼这样的人，他们当选完全是因为其出众的军事才能；一类是像伯里克利和克里昂这样的人，他们则是因为自己是杰出的政治领袖而当选(尽管他们也要率领军队)。相反在罗马共和国,军事指挥权一直是两名执政官的职责和特权,毫无疑问常常也是个人竞争这一官职的主要原因。对规则的严格遵守也造成了困境,即罗马这个征服国家常常不得不忍受无能的指挥官,直至其任满一年任期。只有在同时需要多于两名将军的情况下,罗马人才挑选他人;而且即使如此,最初的原则仍然是为了军事目的而延长任满执政官和副执政官的任期,使之担任延任执政官(proconsuls)和延任副执政官(propraetors)。①

显然民事和军事活动之关系的特质给政治生活添加了色彩,同时也受到后者的影响。因此在公元前4世纪的雅典产生了一个重要的变化,如同我前面说过的。尽管战争连年不断,政治与军事领导权却日益分离开来。当时的作家,尤其是雅典政体的批评者注意到并强调了这一变化。然而,这似乎并没有削弱主要政治家的地位(他们仍然充当重装步兵,而且如果足够富有的话,则担任舰队的舰长)。军事方面职业化的大大加强无疑起了作用,但我不能相信这是充分的解释。罗马军队甚至还更为职业化,但却没有发生类似的变化。罗马共和国最后一个世纪里发生的事十分不同,并且最终是破坏性的。但雅典国家即"人民"(demos)保持了对职业将军的控制,所以无论是科侬(Conon)还是伊菲克拉特斯(Iphicrates)都没有扮演严肃的政治角色。② 罗马共和国最终被从马略到尤利乌斯·恺撒等一系列政治上非常积极的指挥官所毁

---

① 这一非常简短的论述必定过于简单化。例如,我忽略了罗马早期具有更大权力(通常是军事权力)的独裁官,他是在危机时才任命的,任期不超过六个月。

② Pritchett (1971-9) II ch. 2—3.

灭,他们并未受到类似的民众控制。

到此时已经过去了几个世纪,如果不理解相关的政治,那么我所描述的行为模式和变化都无法理解。精英盟友和竞争者以及大众都不是旁观者。政治家需要诉诸于他们,咨询他们,操纵他们,策动他们,并且在策动上胜过对手。总之,政治家们需要以不同的方式让他们在政治上参与进来。这就是具有民众参与因素的城邦体制所付出的代价。

第四章 民众参与

人民并非如一度希望的那样,仅仅是一个政治实体。政党、有组织的选举活动和领袖,即使规定不是如此,也构成了选举制度的现实,如果不是期许的话……在功能上和形式上,选举都是仪式,选择的范围相当有限。因此,政治标榜是标准做法,表达它们的习惯做法也同样可以预见。选民们的期望一般来说并不特别高,他们对特立独行以及偏离正统的容忍程度,都比较低。①

这段引文几乎是随意从朱迪·史珂拉(Judith Shklar)那里摘引的,代表了对当代民主政治一般的估价,尽管带有它的批评者会称为精英学派的腔调。我所以用它开头,不是因为我这里关注其描述上的准确性,也不是因为我关注其赞许公众冷漠态度的精英主义论调——我在别的地方讨论过这个问题②——而是因为预先的警告似乎必需。在我们的文化中,民主政治等于选举制度的公式如此根深蒂固,以至于在研究古代政治时,必须有意识地努力以

---

① J. Shklar, "Let Us Not Be Hypocritical", *Daedalus* 108 no. 3(1979)1—25, at pp. 14—15.
② Finley (1973b);参见 Q. Skinner, "The Empirical Theorists of Democracy: A Plague on Both Their Houses", *Political Theory* 1 (1973) 287—306。

彻底抛弃它。对希腊来说,"选举制度"是一个完全错误的标签,对罗马来说则是不充分的标签。那里的确**存在着**选举,选举也的确包含仪式性因素,有其政治标榜和习惯做法,以及冷漠的选民,但那里也有公民大会,在重大问题上,公民大会(至少在形式上)有最后决定权。总之,那里存在某种程度的、真正的民众**参与**。那里也有几乎全部来自精英阶层的领袖,领袖和人民之间存在着复杂且变动不居的关系,它们需要我们详尽分析,依次考察雅典和罗马,① 而不是一把抓。我们将一以贯之地把时间限定在我之前已经界定的范围内,我们还必须牢记,尽管雅典是城邦中的例外,但有迹象——但只能说是迹象——表明,在希腊人称其制度为民主的、有一定规模的其他城邦中,用一般的话语来说,那里的政治行为与雅典类似。

通常情况下,出生是获得雅典公民权的唯一途径。公民权很少授予他人,而且只有通过公民大会这个最高的政府权威机构的正式投票才能授予。公民大会向所有愿意出席的公民开放,在那里,他对那些议案有直接投票权。这些议案需要公开辩论,如果愿意,还可以修订,有时是当场提出议案。他的投票在其公民同胞面前公开进行。公民大会的权力原则上没有限制,② 因为在公元前

---

① 要拒绝下述看法(例如 Kluwe(1976),(1977))——由于领导权为精英阶层独占,民众参与被降低为表演——肯定不需要论证,例如请见 Meier (1980) 260—265。

② 公元前 4 世纪相对少见的、名为 *nomothesia*(立法委员会)的做法并未严重削弱这一概括。关于该问题,如今请参看 M. H. 汉森(M. H. Hansen)发表在《希腊、罗马与拜占庭研究》第 19 卷(1978),第 315—330 页;第 20 卷(1979),第 27—53 页的两篇文章,进一步的讨论见 *Classical et Mediaevalia* 32(1971—1980) 87—104,该文对现有证据进行了最为充分的考察,尽管在我看来,它对 *nomos* 和 *psephisma*——通常分别被译成"法律"和"命令"——的区分过于机械和形式主义。公元前 4 世纪雅典政府机制中技术上的变化,在 P. J. Rhodes, "Athenian Democracy after 403 B. C.", *Classical Journal* 75 (1979), esp. 179—207 中得到很好的概述。

411年的一个短暂时期内,它甚至废止了自身,而以寡头制取代了民主制。雅典有两个议事会。战神山议事会是古风时代的残存,由卸任执政官组成,终身任职。公元前462年,由于所有重要的咨询职能此后都落入"五百人议事会"("议事会"这个单词专指该机构)手中,它被降格成了影子。① 五百人议事会议员以抽签形式从所有年满三十岁的自愿公民中选出,而且是强制性地按地域分布。他们的任期为一年,一生之中,一个人仅可以担任议事会议员两次。②

几乎所有官员也都是抽签选出的,对希腊人来说,那是民主政治的标志(亚里士多德:《修辞学》,1365b30—31),而且任期限于一年,不得再任。③ 他们的资格(更准确地说,是他们的品德)会预先受到一个向所有公民开放的正式程序的挑战,任期之末,他们必须就任职提交报告。④ 如此可能导致严重惩罚的控制显然削弱了官员相对于公民大会和法庭的权力。官职和职责的广泛碎化,还有官僚等级制——其间个人期待**通过选举**按照序列升迁(例如罗马人的"荣誉阶梯"[cursus honorum])——的缺位也发挥着同样的作用。虽然少数职位的财产资格在法律上残存,但在大多数情况下,财产资格事实上最终被置之不理了(亚里士多德:《雅典政

---

① 战神山议事会的复兴乃雅典民主政治毁灭的明确象征。在希腊化时代,它成为雅典事实上的政府(罗马统治下仍如此)。

② 见 Rhodes (1972),特别是第 179—207 页。

③ 抽签选举中的例外是将军,可能还有最高财政官员,以及特殊的使节职位。最优秀的叙述仍是 Headlam (1933)。

④ E. Hoyer, *Die Verantwortlichkeit und Rechenschaftspflicht der Behörden in Griechenland* (Karlsbad 1928); M. Piérart, "Les euthynoi athéniens", *L'Antiquité classique* 40 (1971) 526—573.

制》47.1)。最后,大多数庭审案件掌握在向所有公民开放的团体(通常很大)手中,它们是公民大会、议事会和陪审法庭中的"陪审团"。陪审团以抽签方式从六千名自愿者名单中选出,参加审判期间每人都会按天得到津贴;议事会成员,可能还有某些官员(尽管有模糊之处)、士兵、水手,在公元前4世纪,还有那些出席公民大会者,也都会在服务时得到逐日发放的津贴。[①]

理论上,所有这些累积成对政府事务的广泛参与。实际上,政治活动、政治理解和兴趣的范围和程度到底如何?大量冷漠公民的存在,也许可以视为理所当然,但我们无法给出他们的数字。一个常见的做法,是对实际出席公民大会会议的公民数量进行贬低,并用占人口大多数的农民行为的纯粹假设性结论(伪装成事实)——例如说他们缺乏文化和教养;对艰苦的生存斗争之外的任何其他事情都漠不关心;在召开会议的日子,他们无法拿出时间前往城市开会,假装由此获得统计数据式的"客观性"。持这种观点的人还援引诗歌和柏拉图著作中歌颂那些"关心自己事务"的人——他们不干预公共事务——的片段,进一步支持自己的结论。[②] 在"葬礼演说"中,伯里克利将他们斥为"无用之辈"(修昔底德,2.40.2),但他们向

[①] 现在请参看 M. H. Hansen, "*Misthos* for Magistrates in Classical Athens", *Symbolae Osloenses* 54 (1979) 5—22,尽管并不是他所有结论都有说服力;也见他的 "Seven Hundred Archai in Classical Athens", *Greek, Roman and Byzantine Studies* 21 (1980) 151—173。

[②] 见 V. Ehrenberg, "Polypragmosyne: a Study in Greek Politics", *Journal of Hellenic Studies* 67 (1947) 46—67,重印于 Ehrenberg (1965) 466—501; Grossmann (1950) 126—137。

我们保证,那仅仅是战时的辞令。① 这一切都不能说明问题。阿德金斯(Adkins)非常公正地写道:"在构成我们资料的上等人作家的作品中,此类责难带有欺骗意味。"他们"'知道'自己社会地位优越,而且'知道'他们在政治上也有权优越,可却发现在现存政治环境中,他们处在严重不利的境地"。② 这种政治环境是社会地位较低的公民享有直接参与公民大会,参与所有公共事务决策的权利造成的。如果上层阶级对这类做法的异议有任何史料价值的话,那在于它证明了存在广泛参与,而不是相反。

公民大会并非有固定成员资格的议会。毋庸置疑,留心出席普通会议的公民较少,但如果说是否与斯巴达进行战争的问题也遭遇同样的冷遇,就不可想象了。甚至是农民这个任何社会中都是时间利用率最低的职业群体,也能分出部分时间,城里那些自谋生路的手艺人和店主也是如此。在亚里士多德时代,公民大会一年一般开会四十次,均匀分布在全年中。公元前5世纪,公民大会召开的次数也许要少些。这都不是对任何人时间的很大干扰,尤其是会议时间通常不足一整天,而且从来不会多于一天。③

对史料,包括某些考古证据的最精到分析表明,在(公元前)5

---

① 就我们的意图而言,"葬礼演说"是否全部或者部分准确地反映了伯里克利的措辞和观念,并不重要。一般论述请见 H. Strasburger, "Thukydides und die politische Selbstdarstellung der Athener", in Strasburger (1982) ii 676—708,该文最初发表于 *Hermes* 86 (1958)。

② A. W. Adkins, "Polupragmosune" and "'Minding One's Own Business'...", *Classical Philology* 71 (1976) 301—327,引文见第 318、325 页。

③ M. H. Hansen, "The Duration of a Meeting of the Athenian Ecclesia", *Classical Philology* 74 (1979) 43—49.

世纪,公民大会的出席者达到六千人,在(公元前)4世纪,人数要多得多。① 当有资格出席的人在公元前431年的高峰期也许达到四万人,此后下降到两万五千人左右时,如何评价公民大会如此的出席率? 任何答案都将是主观的,但在讨论参与问题时,通过分析议事会的路径也许更好。它的五百名成员由抽签选出,其制度是阿提卡的所有村社(或曰堂区),包括**乡村村社**,都有与其人口比例相当的代表,不足三十岁者不得当选;一个人一生中只能担任两次议员。如今我们知道名字的议员超过三千人,能够确定曾担任过两次的不足百分之三。② 甚至很小的村社,似乎也能提供数量相符的议员。村社成员的数量差异很大,也从不曾尝试让他们达到更加相等的比率。此外,村社成员资格也不必然意味着在该村社居住,不论住所如何变化,它是代代相承的,因此随着人口缓慢但稳定地从乡村转向城市,乡村村社的成员日益成为缺席成员。所有这些,连同抽签选举和对任期的限制,推翻了现代人有关议事会乃代表机构(在该术语唯一的重要意义上)这一顽固的错误观念。③ 雅典人遵循的是轮换原则,而非代表原则,因此进一步强化了公民大会的直接民主。④

在任何一个十年中,三十岁以上公民全体中的四分之一到三

---

① M. H. Hansen, "How Many Athenians Attended the Ecclesia?", *Greek, Roman and Byzantine Studies* 17 (1976) 115—134.

② 见 Rhodes (1980) 192—193,以及第197—201页的列表,在 *Zeitschrift für Papyrologie und Epigraphik* 41 (1981) 101—102 有增补。

③ 这个错误从头至尾贯穿于 Traill(1975)中。他之前则是 J. A. O. Larsen, *Representative Government in Greek and Roman History*(Berkeley 1955), ch. 1.

④ Weber (1972) 666.

第四章 民众参与

分之一担任过议事会议员,全年(原则上)每天出勤,并在该年度十分之一的时间里作为所谓的主席团(*prytaneis*)全勤。① 考虑到议事会事务的范围和重大,洛泽(Lotze)将议事会称为"民主的学校"是合理的。② 然后人们还要添上成千上万参加过法庭审判的人,他们判决政治案件的机会并不少见;还有从市场监督到执政官的数百官员,他们都由抽签选举,并且任期只有一年,而且不得连任;以及那些曾在海外服陆、海军军役者。我们绝不能忘记,这些有经验的人,无论是否担任职务,在任何时候都可以自由出席公民大会。经过细致的分析,雅典民众中,至少有一半人在对国家事务无知的状况下做出决定——修昔底德、柏拉图和众多现代史学家偏爱的攻击目标——的说法至此烟消云散。③

但是,即使样本如此之大,它到底在多大程度上是可代表整个公民群体的样本呢? 这是一个重大问题,我们却只能用猜测回答。④ 我们似乎可以合理地认为,在正常情况下,公民大会的出席者偏重于年龄更大的和定居城市的公民,尽管偏重的程度连合理的猜测都无法估计。可是哪些属于正常的情况? 不正常的情况和问题容易识别。前者包括诸如大量重装步兵因远征(或者换个社会层次,是大量水手)缺席,抑或外敌入侵时,大量农民进城,如同伯罗奔尼撒战争期间发生过若干次,战争最后十年中一直出现的

---

① 见 Rhodes (1972) ch. 1。

② D. Lotze,"Entwicklungslinien der athenischen Demokratie im 5. Jh. V. Chr.", *Oikumene* 4 (1983) 9—24,引文见第 20 页。

③ 一般论述见 A. G. Woodhead,"Isegoria and the Council of 500", *Historia* 16 (1967) 129—140。

④ 随后的论述依赖 Finley(1962),我不会劳神表明其重点或者意义上的变化。

那样。首要的不正常问题,包括有人提出对政体做出重大改变的提案或者是否卷入一场重大战争的决定,这两个问题都直接而且马上会影响到当日坐在公民大会上,并投票做出决定的人的生活。对亚里士多德来说,这是政治演说和诉讼演说之间存在本质区别的关键所在(《修辞学》,1354b22—55a2)。

我们的猜谜游戏是一种学术探讨,但对当时的政治家不是。他们不仅事先对可能出席会议的公民构成有相当的概念,并据此谋划,而且采取力所能及的措施,以影响成员的构成,争取选票。要考量这到底有多重要,我们必须将心思和想象集中在那个缺乏现代参照系的政治制度上。那里没有结构分明的政党,没有下述意义上的政府——一群被指定或选举出来的人,暂时地被赋予向公民大会提出政策建议的权利或者义务,后者则拥有或多或少是无限的权力,做出有约束力的决定。可以肯定,当公民大会在黎明后不久召集时,它常常已经有了由议事会起草的建议。可是,这个抽签选举的、每年轮换的五百人群体忙于全盘的管理事务并为立法做准备,却不是我们意义上的"政府"。那里也无正式的反对派。若干不同的政策在一个政治小阶层内形成,对此我们缺乏专用术语,因为它并不是正式机构。他们需要引导议事会和公民大会通过他们的提案。不管建议来自何处,最终公民大会都可以自由地赞成、修改或者拒绝它们。① 一场数千人选择出席的民众集会,在听取演说人——那些既无官职,也无正式责任或义务却现场提出

---

① 有关公民大会和议事会之间关系的证据,尽管分量不小,却远非直接,在 Rhodes (1972)第二章中得到充分分析;关于议事会的管理职能,见该书第三章。

第四章 民众参与

建议的人——的意见后,以举手方式表决,所有这些都在一天内完成。[①] 在有争议的大事上,辩论是"真刀实枪的",因为那里不存在正式的党派界限,没有政党纪律官的指令,没有任何可以不管现场演说,却能预先决定最终投票结果的机制。正是在这些辩论中,领袖地位受到检验,政治被创造和被推翻。只有幼稚或天真的观察者才会相信,当伯里克利来到一场至关重要的公民大会会场时,除他的见识、知识、魅力和演说技巧外,却没有任何其他准备,尽管这四大特质乃基本素质。

如苏格拉底向格劳孔指出的那样,所需知识的范围相当大。在缺乏官僚体系或政党的情况下,个人直接的参与是一直必需的(有一个条件,我很快会论及)。长年间隔很短地召开公民大会的模式让人无暇他顾,也无议会休会那样的喘息时间。一份史料就有助于说明此点,即公元前425年或公元前424年虽不完整但较长的铭文,它规定大幅增加雅典帝国内的臣服国家每年缴纳的贡金额度。这是一篇技术性很强的文件,详尽列举了需要遵循的程序和对违纪的制裁措施。由于修昔底德不曾提到这次对贡金的重新评定——这或许是他最为著名的"沉默",学者们对其准确的年代、背景和动机产生了激烈的争论。[②] 现在我对这一切都不感兴趣,但有几点简单的事实,尽管最无争议,却需要我们注意。

这篇铭文记录了公民大会根据议事会建议做出的决定,附录是重新评定的各个城市需缴纳的贡金数额,它由根据该法令选出的

[①] 见 M. H. Hansen, "How Did the Athenian Ecclesia Vote?", *Greek, Roman and Byzantine Studies* 18 (1977) 123—137。

[②] 见 Meiggs/Lewis (1969) no. 69 的注疏及书目。

"评估人"随后确定。尽管对于此类事情很敏感的论者发现"条款的秩序极其不系统",因此他们猜想,"该文本由一个极其缺乏经验的人起草",①但哪怕是他们也必须承认,对贡金体系的准确了解,是准备这份文件的基础。那个向公民大会提交这份建议的人(无论他是否是起草者)名叫涂狄波斯(Thoudippos)。除在这里提到以外,他在雅典政治生活中寂寂无闻。不过他很有可能是克里昂的女婿,而且是一个财主(其后代因继承问题卷入一场臭名昭著的争吵)。②

当这份重新评定贡金的法令通过时,克里昂正是雅典最有权力的人物。我们不知道——易言之,谁也没有告诉我们——他是否与这道法令有任何关系;我们也不清楚,公民大会上对这道法令有多大争论;亦不清楚克里昂本人是否发表过意见。然而,还是让我们合理地假设他是重估政策的幕后推手,那他,或者是任何处于他那个地位的其他人,是如何着手这件事的?他本人不可能亲自去搜罗这些数据,因为国家事务过于繁杂,不可能让一个人掌握详尽的信息。由于缺乏官僚机构为他进行这个工作,他唯一的途径,是诉之于非官方的、无薪酬的随员,他们中有粗略的分工。③ 甚至

---

① Meiggs/Lewis (1969) p. 197.

② Davies(1971) no. 7252.

③ 我目前关注的是那些我相信在政治领袖的随员中必须存在的专家们,参见 Connor (1971) 124—127。康纳(Connor)感兴趣的是领袖们本身。这是可以想见"朋党"(hetaireiai)活动的一种(尽管绝非唯一)情形,关于朋党,我们听说的非常多,却少有具体细节。见 G. M. Calhoun, *Athenian Clubs in Politics and Litigation* (Univ. of Texas, 1913)。由于证据集中于公元前 415 年的赫耳墨斯头像损毁案和公元前 411 年的寡头政变,现代作家们沉溺于某些朋党的阴谋角色,忽视了其常规的日常活动,在当时的政治状况下,朋党乃必需。管理类人员当然也需要专家,见 A. Andrewes, "The Mytilene Debate: Thucydides 3.36—49", *Phoenix* 16 (1962) 64—85, 具体见第 83—84 页。

第四章 民众参与

从零散的碑铭和文献零星的提及中,我们也能发现那时有可识别的专家,即国际事务、财政以及诸如此类的专门人员。就重估贡金的情况论,涂狄波斯碰巧是议事会议员,但那并非必要条件,因为当时有一个简单的程序,可以让非议员能够到议事会提案,或可以由议事会召入。但是,如果他或她背后的克里昂希望该建议成为法律,他们中的一人或熟悉的同道就需要在公民大会中现场发表意见。

现在,且让我们从另一面即出席会议的不知几千人的立场,用想象重建那次会议进程。如果对于大量增加贡金的建议存在原则性分歧(对此我重申我们完全一无所知),就会进行辩论(也可能在此前的会议上已经大体争论完毕)。然而难以想象,在此阶段即大规模的露天集会上,能够就我们拥有的这份命令的大量细节进行讨论。人们应该基于信任接受建议,也就是说,是基于对该措施提议人和详列条文的议事会的信任。如果当时有批评者的话,可能会限于抨击建议的原则或者倡议人,谁也不可能聆听有关细节的争论。因此,当我谈到"可识别的专家"和"熟悉的同道"时,我心里想的不是现代史学家能够确定的人,而是那些相关公民大会的成员认可其专门知识和社会关系的人。

我会引用一段文献来进一步说明,尽管我已经不情愿地剔除了其中大量的修辞,但仍稍许有些长。它是德谟斯梯尼一篇演说中的叙述(18.169—179),发表于公元前339年末那个戏剧性事件过去九年之后,当时马其顿的腓力(Philip of Macedon)夺取比奥提亚(Boeotia)西北边境的埃拉特亚(Elatea)的消息传到了雅典:

> 你们记得,那是晚上,突然有人把埃拉特亚被占领的

消息报告了主席团。闻听此言,议员们立刻停止晚餐,马上开始将人民驱离市场上的摊位……另一些人建议召唤将军们并邀来传令官。城市陷入骚动。次日黎明时,主席团将议事会议员们召至议会厅,你们[公民们]进入了公民大会会场。在那里,议事会尚未结束他们的事务并准备好议案的时候,全体人民已经坐好。议事会出现后,宣布了他们此前得到的消息,并让信使上前复述消息。传令官宣布了问题,"哪位愿意发言?"无人应答。问题重复数次,却无人起立发言……当时那个场合需要的似乎不仅仅是爱国情感……而是从开始就熟悉公共事务,而且对腓力的目标和动机有正确判断的人……因此,当时我就是那个表现出那种能力的人。我走上前,向公民大会发表演讲……全场欢呼,毫无异议。如果不提出动议,我是不会说话的。①

当然,这是一篇绝妙的片面之词,但大体上肯定是正确的。在寻求对抗腓力的正确方针过程中,历经数年的犹豫和分歧之后,那天上午,德谟斯梯尼为其动议赢得了绝对优势的支持:雅典应当根据与此前所有建议有本质性差异的条件,与忒拜缔结军事同盟。对他之前有关该主题数篇演说的考察,证实了他的话,即政治领袖演说的前提,是公民大会期待能够依靠领袖们提供的信息和判断,

---

① 由 A. N. W. 桑德斯(A. N. W. Saunders)翻译,收入企鹅古典丛书的《德谟斯梯尼和埃斯基尼斯》卷(略有几处小改动)。埃斯基尼斯提到,德谟斯梯尼另有一次手执法令建议的文本出现于公民大会。见 Aeschines 2.67—68。

然后基于公民们听到的事实和论证,就不同的建议或政策做出选择。① 一个人如何达到这样的地位(或丧失地位)? 虽然做出最后决定的是公民大会,但难以想象,在两百年或更长时间里具有相当稳定性的雅典决策,仅仅是连续演说技巧的竞赛。德谟斯梯尼有时候也未能说服公民大会,但此时的他与成功之时相比,同样是个出色的演说家。此外,处于优势地位的政治领袖们并不必然要在所有场合都亲自向公民大会发言,他们常常依靠那些可识别的专业助手。② 在这个问题上,有关资料会误导我们,如此大量的演说要么经过编辑以供发表,要么是充斥历史学家著述的连篇累牍的文学性演说,其传统根源于荷马的诗篇之中。除上述,史料关注的要么是政治阶层内部的结盟与冲突,③要么表达他们在道德批判上的不同立场,对此修昔底德曾简明地表述为:伯里克利的"继承者们彼此更加平等,每个人都企图成为第一人,为此他们甚至把事务管理委之于民众的任意而为"(2.65.10)。

在雅典对外政策中,马其顿的腓力多年来一直是中心问题。他对雅典的威胁属于哪种类型? 威胁有多大? 只要观察一下从公元前 346 年的所谓"菲洛克拉特斯(Philocrates)和约"到七年后的埃拉特亚(即腓力和雅典正式宣战大约一年后)这个短暂的时期就

---

① Starr(1974) 35—36 肯定是正确的。在该文结尾,他雄辩地提出了问题:"在现代国家中,情形真的非常不同吗?"回答应当是肯定的:没有任何现代的人民曾就如此类型的政策问题直接投票。

② 这是对我之前提出的主张——领导权需要持续不断地个人亲自参与——的一个限定。

③ 在这方面,现代史学家们常常乐于追随(甚至超过)他们,见 C. 阿坡罗(C. Ampolo)在 *Archeologia classica* 27 (1975) 95—100 对 Connor (1971) 的评论。

够了。① 要了解事关十余个希腊城邦、马其顿、色雷斯(Thrace)、波斯帝国和埃及的外交与军事活动,甚至德谟斯梯尼那样的职业政治家肯定也觉得困难。此外,关于希腊政治中自己的朋友与助手的核心作用,也再无较该时期更好的证据了。

如今腓力对埃拉特亚的占领使情况变得明晰。如我们已经看到的,在有关埃拉特亚的消息到达雅典次日的黎明,那些出席公民大会的人中,相当数量的人拥有直接经验,因为他们或担任过官职,或在议事会、法庭中任过职,以及出席过此前的公民大会,其中的许多次会议上,有关马其顿的腓力的问题,已经进行过激烈争论。因此,当他们出席会议时,并不是脑子空空或者"心态开放"的。他们知道,那天的决定意味着他们许多人马上要在军队中服役,可能还要战斗。这个认识会使他们非常集中注意力,并让辩论具有真实性和自发性。现代的议会也许一度拥有这一特质,但如今显然已经丧失。② 如果说这次会议实际上没有辩论(我们可以忽略德谟斯梯尼有意不做第一个发言人乃是故弄玄虚)——此乃非典型事例,而且多少有点让人吃惊,那我们就有权得出下述结论:第一,人们已经下了足够的决心;第二,人们一般都期待德谟斯

---

① 见 G. L. Cawkwell, "Demosthenes' Policy after the Peace of Philocrates", *Classical Quarterly*, n. s. 13 (1963) 120—138, 200—213, 重印于 S. Perlman, ed., *Philip and Athens* (Cambridge and New York 1973), ch. 10. 最详尽的叙述见 F. R. Wüst, *Philipp II von Makedonien und Griechenland in den Jahren von 346 bis 338* (Munich 1938)。

② 我多少重复了我在 Finely (1973b), 20—23 页的说法。关于此类辩论的"自发性"观念,我得益于 O. Reverdin, "Remarques sur la vie politique d'Athènes au Ve siècle", *Museum Helveticum*, 2 (1945) 201—202。

梯尼会(而且应该)说明需要采取的措施。他是有备而来,手里拿着正式法令的文本,一如在随后公民大会按照他的最初提案决定财政、外交和军事政策时,他也是有备而来一样。

可以设想,那个从埃拉特亚带来消息的信使或多或少是个官方人士,而且值得信任,与另一个场合出现的这位演说家的私人报信人不同,在没有说出信使身份的情况下,德谟斯梯尼向公民大会保证,那是"一个不可能撒谎的人"(2.17)。在德谟斯梯尼的叙述中,没有任何怀疑埃拉特亚报告的消息的迹象,而那是雅典经常的情况(例如修昔底德,8.1.1)。来自国外的消息的可靠性,一直是一个严重的问题;另一个是拖延。而国内消息的散播,除非事关机密则极其迅速。① 这就是一个依赖口头而非书面话语的面对面社会的实际。从埃拉特亚的信使到达,到德谟斯梯尼在公民大会上起立发言,已经有十二个小时过去了。九年后,德谟斯梯尼称,那是十二个小时的"扰攘"。但我们能够想象,德谟斯梯尼的支持者以及其他许多人不曾忙于组织和准备吗?或至少是在严肃地讨论吗?当时甚至有时间将消息散布到乡村的公民中,并把乡村公民召入城内,尽管不包括那些最遥远的村社的居民。

我曾经提出(不是第一次了),在这个我们仅有最模糊、最间接线索的政治的核心层面上,我们该如何"想象"。一般公民对口头报告的依赖无论怎样强调都不过分,不仅是在战役的结果以及发生于国外的其他事件上,而且在一般的内政问题上,例如财政状

---

① 基本的研究著作是篇幅宏大而负责的 Riepl (1913),尽管该书几乎完全限于罗马,但经过必要修正后,同样可以应用于希腊。Starr (1974)全部集中在对外事务上。

况、进行一场战役或一项重大公共工程所需要的金钱,与当前提案有关的过去的立法、旧条约的条款,可供利用的军事力量,各个官员的表现,以及所有关于公共事务的全部琐事上,也如此。可资利用的书面文献很多,那时存在某种形式的公共档案馆机构;雅典(与众多其他城邦不同)还在公共空间张贴大量的公告。它们通常刻在石头或者青铜上,包括贡金清单、法令、条约以及公共账目。如同法令和条约的交叉援引所表明的那样,政治专家们会参考这些文件,[①]行政官员也会。但任何其他人都不会。在所有参考文件的场合,不管是在公民大会上还是在法庭中,文件都由职员宣读。由于投票紧接着口头讨论之后举行,人们没有任何机会核查事实,甚至是讨论有关事实的矛盾的陈述。当然,所有公民都可自由前往档案馆,或者在街上溜达时预先阅读铭文,但只有最为古怪的人才会这么做。甚至是修昔底德,除因为特殊原因偶尔为之,也不耐烦去这么做。他的做法应当是有代表性的。

雅典不仅仅是个面对面的社会,还是一个地中海式社会。在那里,人们习惯于在集市日、节日聚集于户外,且始终就聚集在港口和城市广场上。公民们是不同正式和非正式团体的成员,例如家庭的、邻里和村子的、陆军和水师的、职业团体(收获季节的农夫,倾向于集中在某些特定街区的手艺人)、上层阶级的聚餐会,以及无数私人崇拜组织等。所有这些都提供了发布新闻与闲谈,进行讨论与辩论,以及我此前强调的连续的不断接受政治教育的机

[①] 例如 Meiggs/Lewis (1969) no.31,那是一道规范与法塞里斯关系的法令,第 8—11 行如下:"案件将在雅典由军事执政官主持的法庭中审理,如同克俄斯人的案件一样。"

会。它也并非纯粹属于城市的现象。雅典的农民不是生活在孤零零的家庭农庄中,而是在小的村落和村庄中,那里有村中广场、地方崇拜中心,偶尔有集会,有他们自己的政治生活,在制度上与城邦的政治生活有联系,因为村社(堂区)登记公民,保存案卷,提供议事会和众多官员——他们一年一度地通过抽签选举——候选人的名单。① 阿里斯托芬关于粗鲁而无知的乡下人的玩笑,不应被转换成一般的概括,提奥弗拉斯图(Theophrastus)嘲讽的对象之一(《人物》,4.6),就是一个乡下人向其农场上的劳工笨嘴拙舌地详尽描述公民大会上的事情。

既然存在着多种进行政治讨论和教育的场所,那结论必然是有政治野心的人(及其支持者)会利用它们,以提升他们自己,推进他们的政策。宣传和游说肯定是连续而且不懈的,其方式是我们不熟悉的,恰恰是因为它们最终指向实际的决策而非选举拥有决定权的代表。不幸的是,所有这些都被当代的作者们视为理所当然,以至于采取了完全沉默的态度。取而代之的,是他们考虑到政治行为的另外两个方面:一个是领袖对自己形象的塑造,它或者通过或真或假的军功,或者利用他们的演说技巧。对于军功,我们前文已经讨论;至于演说技巧,在公民大会发挥核心作用的地方显然重要。另一个是他们的慷慨。慷慨既表现在城邦层面上的工程中,也表现在地方性的村社和村庄的工程中。

在此背景中,财政支出有两副面孔。这是一个财富明确受到

---

① 唯一全面的研究著作是仍有价值的 Haussoullier(1883),尽管我相信,他对民众在村社政治生活中的参与程度估计过低。

崇拜和夸耀的世界;①一个公共的和私人的慷慨很快就广为人知的世界。无论在评论者还是在受益者中,这都是一个经久不衰的话题(如现存演说所示,其方式会令现代读者们不快)。但慷慨容易招致腐败的指责,这是古代作家们相当注意的政治生活的另外一面。人们只要读一下埃斯基尼斯和德谟斯梯尼相互控告的演说,就会发现对私下行为不检点和在公共事务上撒谎与腐败的指控,乃固定套路。这类指控完全不是我们能把握的,我们能说的只是:他们既不可能**全部**真实,也不可能**全无**根据。例如,考虑到马其顿和波斯王都愿意大方地分发黄金,以推进他们在希腊的利益。同样可以肯定的,是有些希腊政治领袖接受了这种好处。但除依据无法接受的对其"道德"(用现代的术语来说)的主观判断外,我不知道以何种方式确定此类控告(例如德谟斯梯尼)的真假。国内的贿赂即为回报投票给予个别公民好处,则是另一个问题。关于此类指控,我表示怀疑。我无法设想,在面对数量能够达到上千且仅在审判即将开始时,才根据抽签从六千名候选人中选出的陪审员,或出席公民大会的成千上万人时,一个人如何去操纵贿赂,或者说怎么能贿赂得起。

在从雅典转向罗马之前,我得明确说明,我一直试图描述雅典人的政治行为,不是要对它进行评判,无论是从纯粹道德的立场,还是从当代社会正义观的角度。过去曾有人发现我"犯了把雅典政府某种程度上浪漫化"或误用"民主政治"一词的"错误",因为人民是一个狭小的少数人群体,它排除了妇女、奴隶,以及公元前5

---

① 见 Finley (1973a) 35—41。

第四章 民众参与

世纪雅典帝国臣服国家的成员。① 在我看来，**用他们自己的概念**对希腊（或任何其他人的）政治进行结构性的历史分析，既不应受这样的批评，也不需要连续遭受明确的道德谴责。要对一个死去的社会进行批判容易，但考察他们尝试做的事情，他们如何处理事情，他们成功或失败的程度，以及为何如此，会更加困难，也更有收获。要将这两种考虑结合起来却又不冒风险，是不可能的，实际上，有可能二者皆错。在雅典和罗马，公民群体都是少数，剥削着大量的人口，既有自由人，也有奴隶。我们仍需要解释，为什么在很长的时期里，这两个国家实际上如此成功，政治上如此稳定；为什么在精英领袖与包括农民阶级在内的大众之间，一直存在紧张关系；还有，为何一个保持甚至扩大了民众参与，而另一个顽固地将参与遏制在一个狭小圈子里。人们也许从心里不赞成其中之一或者两个都不赞成，但对这个问题进行解释的需要并不因此消失。

现在可以更简略地考察一下罗马，以强调其与雅典最为重要的区别。这里勿需重申我有关面对面的地中海社会的论断，还有关于口传文化、获得和传播基本信息的困难，国内与国外或军事事务的相互影响，文官和军事领袖之间的缺乏区分，军功的地位、公

---

① 分别见 J. R. 费尔斯（J. R. Fears）在《美国政治与社会科学院年鉴》第 410 卷（1973 年）第 197—198 页有关芬利（1973b）的评论，以及 B·亨德斯（B. Hindess）在《社会学评论》第 23 卷（1975 年）第 678—697 页对芬利（1973a，1973b）的评论。亨德斯的观念——雅典帝国是"一个较大的政治单位，即一个国家"，雅典不过是其众多成员之一（第 681 页）——因为其不了解古代希腊的制度，简直令我抓狂。R. A. 达尔（R. A. Dahl）也如此，他论证说，雅典并非参与型民主的典型，因为"人民是由所有有资格治理的人组成的"，载 "Procedural Democracy", in *Philosophy, Politics and Society*, 5th ser., ed. P. Laslett and J. Fishkin (Oxford 1974), p. 119。

开的慷慨和庇护制在获得和维持领导权时的作用,这些方面的某些重要区别,已经为人们注意。这里我要提及的是规模上的差别。随着时间的流逝,这一差别变得如此之大,以至于它强化了政治生活中现存的结构性差异。例如,到公元前3世纪中期,对乡村人口的正式划分("部落"),存在于南及卡普亚,东到亚得里亚海的地区,[1]最后它们扩展到科莫湖(Lake Como)与威尼提亚(Venetia)地区。对任何一个希望在罗马城投票或参与政治的人来说,如此距离的意义勿需细说。

从结构上说,如果愿意,或可从政体上说,每个关键节点上都存在差异。罗马不是一个而是三个公民大会,如果一个公民愿意,他都可以出席(平民会议排除一小撮贵族,无关紧要)。可是,用来确保精英牢固控制的正式方法逐渐积累,最后达到一种真正的束缚。其细节令人迷惑,而且因为多个原因而经常不易确定,包括资料零散,实践中经常根据立法和习惯进行修正,例外的情况(尤其是在共和国的最后一百年中)等。尽管如此,对目前的讨论来说,一种"理想类型"式的概述就足够了。[2] 首先,没有固定的开会日期,甚至一年一度的执政官选举都没有确定日期;公民大会仅仅为某一特定目的,要么是举行选举,要么是建议"立法",并由某一有

---

[1] 见 Taylor (1960) ch. 5。意大利的农民似乎较他们的雅典同侪居住得更为分散和孤立,见 P. D. A. Garnsey, "Where Did Italian Peasants Live?", *Proceedings of the Cambridge Philological Society*, n. s. 25 (1979) 1—25。这是个需要进一步考察的领域,尤其要注意地区性的差异,差异的根源在于不同地区前罗马时代的历史,简短的讨论请见 E. Gabba and M. Pasquinucci, *Strutture agrarie e allevamento transumante nell' Italia romana (III-I sec. a. C.)* (Pisa 1979), pp. 21—26。

[2] Taylor(1966)是基本文献,也请见 Nicolet (1976) ch. 7; Staveley (1972) pt II。

权召集会议的高级长官召集。这样的召集可以用多种方式撤销，例如，不利的征兆（本章下文会讨论），或者在实际投票之前，为另一高级行政长官或保民官强行介入后否决。① 当公民大会最终召开时，会议上并无讨论，只能就召集大会的长官提供的名单进行投票，或者通过和否决他事先提交的议案。在一次会议上，人们甚至不能就一个以上的议案投票。然后是最后的计票，它不是以个人而是以集体为单位，其构成偏向于比较富有的阶层。在百人团大会上，其偏向是如此赤裸裸，以至于除非精英内部发生严重分裂，否则完全可以忽略较贫穷阶层的投票。而且这是选举执政官和副执政官的公民大会，并且只有它有权宣战。②

如此简短的对规则的列举，并未穷尽铺设在那些缺乏独立手段，尤其是那些居住地远离罗马城的公民参与道路上的困难。通常执行的规则，是在公民大会的召集与正式举行之间，需要有三个集市日（nundinae，每间隔八天举行一次的集市日）。这个间隔给举行一次或多次预备会（contiones）提供了机会。预备会是一种公共集会，提案人和其他**应邀出席的人**对提案进行讨论，而勿需诸如修订或投票之类的正式程序。因此，公民群体在三周多以前就获

---

① 保民官的否决权提供了一个制度的作用和特征可以被极大修正的绝好例证。古风时代，保民官及其优先的干预权原本作为保护平民以对抗官员滥用权力的工具引入，但它被改造成为一种统治阶级内部权力斗争中的武器，几乎与平民及其权利无关了。

② 当然，许多战争实际并未"宣战"，在那些过早被宣布为行省的地区和意大利相当部分地区，战争一直频繁。在那里，战场上的将军们在他们认为适当的时候"制造"战争，更多的时候不过是为了抢掠。见 J. W. Rich, *Declaring War in the Roman Republic*...（Brussels 1976），此点 Harris（1979）263 有条件地予以简略申述。

得了即将举行选举的通知,以及听取精英成员或多或少正式地讨论这些问题的机会。另一方面,适当的参与需要反复出席会议(与雅典公民大会的程序形成鲜明对比),却并不保证某一事务最终能在指定的日子最终做出决定,因为直到最后时刻,都可能以否决或者宣布征兆不吉加以干预。要追踪有关进程,精力、闲暇、庇护,还有持续的兴趣,都是必需条件。当然,只要人们聚集在一起,总是可以进行非正式讨论的,但对那些生活在罗马之外的人来说,即连这点也由于可能是公元前 286 年实行的法令而变得更加困难。该法禁止公民大会在集市日举行(节日举行会议已经成为禁例)。老普林尼(the Elder Pliny)(《自然史》,18.13)认为,该法的目的是防止公民大会干涉每周一次集市的重要事务,但现代的评论者正确地提出了相反的解释:它希望让大量农村人缺席公民大会,除非他们被"那些罗马的政治领袖们召入城内投票"。①

罗马的官员都无薪给,他们由民选产生——在这个制度中,没有抽签选举的空间②——但候选人和有权指定候选人的人,都限于精英,而且投票的程序是集体票。每个官职任期一年(执政官职位有复杂的变化),一般遵循固定的数年间隔序列。如我在前文有关治权——这个概念无法译成希腊语——的简短叙述中指出的,罗马的最高级官员拥有雅典任何官员都无法比拟的权力。这也是为何罗马的墓碑总是列举死者曾担任的官职的原因,古典时代的

---

① Michels (1967) 105. Livy 7.15.12—13 曾在一个时代误置的语境中简短但明确地宣布此点。

② 关于罗马人为其他意图有限利用抽签的情况,请见 Staveley (1972) 230—232 的简短论述。

第四章 民众参与

希腊墓碑则从不如此。有一种高级官员的特定权力值得在这里细说,那就是监察官将新公民划拨入部落的权力。对它的利用,通常是为了维持部落内部或部落之间强大的优势(有时是为了根本不登记新公民)。① 这种权力保留了罗马"慷慨"扩大公民权——这与希腊人如此不同——做法背后的某种现实,公民权不仅授予被释放的奴隶(他们然后被集中在四个城区部落中),而且日益增多地授予拉丁人(程度不同),最后是其他意大利人。②

在完成他们一年的任期后,高级官员们一般能期待进入元老院。公元前4世纪末之前,他们实际上终身任职,然后监察官获得了五年一度审查元老院成员资格,包括驱逐现任元老的权力。③事实上这种审查令人惊奇地稀少,结果在一段很长的时期里,名义上由三百人组成的元老院人数严重下降,而有人等待多年才能进入。那些未被接纳或实际上被驱逐的(例如因某些罪行被定罪)数量并不大,这种监察官权力的存在本身,却有助于迫使偶尔出轨的行政长官听命。它并未从根本上改变下述事实:元老院几乎就是

---

① 请见 Taylor (1960) ch. 16,那里有些不必要的谨慎。关于对新公民的不登记政策,更鲜明的论述见 G. Tibiletti, "The 'Comitia' during the Decline of the Roman Republic", *Studia et documenta historiae et iuris* 25 (1959) 94—127. 严格地说,监察官不应被归入高级行政长官之列,其任期独特,他缺乏治权,且条件不断变动。请见 A. E. Astin, "The Censorship of the Roman Republic: Frequency and Regularity", *Historia* 31 (1982) 174—187 的简短论述。

② Gauthier (1974);详细情况见 E. Szanto, *Das griechische Bürgerrecht* (Freiburg 1892; repr. New York 1979); A. N. Sherwin-White, *The Roman Citizenship* (2nd ed., oxford 1973)。

③ Mommsen (1887—1888) II I, 418—424;参见 P. Willems, *Le sénat de la République romaine* (2nd ed., 3 vols. In 2, Louvain 1883—1885) vol. I 巨细无遗的讨论。

终身任职的超级精英的封闭群体。而且元老院是罗马的议事会。罗马这个体制的关键不是公民大会,而是元老院,它可以恰当地被称为罗马的政府。考虑到对民众参与无穷尽的各种限制,在罗马,除非、而且直到元老院同意后,才有可能采取任何政府行动。重要的是要强调,元老院为何赞成或者拒绝一个提案,很长时期里是个保守得很好的秘密。①

在给这个有关政体诸因素简短的比较性概览做结论前,还要提到两点。直到共和国最后一百年时,罗马的行政长官在任期内是免于任何正式审查的,只有随后的法律诉讼或监察官谴责是威胁。蒙森(Mommsen)的结论是,即使是财务审计,"也许只是存在于理论上,实践中几乎不过是形式"。② 最后,法庭虽然在共和国时代经历一系列结构性的改革,但实际上仍牢固地为上层阶级把持,只有几桩重大罪行存在部分例外(即使根据传统看法),因为假如不是被控以死刑——那时审判被转到百人团大会,则这些案件就被提到部落大会或平民大会上审理,并因此产生了人民的审判(*iudicium populi*)这个术语。③ 但即使是在这个经常存在政治因素的有限的司法诉讼典型中,高级官员控制公民大会的全部权力,包括否决权,

---

① 关于经常被忽视的这一点,见 Harris (1979) 5—7, 255。
② Mommsen (1887—1888) I 699—702.
③ 我有意采用了充分的传统叙述,见 A. H. M. Jones, *The Criminal courts of the Roman Republic and Principate*(Oxford 1972), ch. 1. W. Kunkel, *Untersuchungen zur Entwicklung des römischen Kriminalverfahrens in vorsullanischer Zeit* (Abh. De bayerischen Akad. D. Wiss. , Phil. -his. Klasse, n. F. 56, 1962)在有关罗马刑事程序问题上提出了激进的新观点,但在这里被完全抛弃。孔克尔(Kunkel)争辩说,"普通刑事案件显然从不曾被提交给公民大会",仅政治案件除外。

第四章 民众参与

也仍然有效。那里不存在任何真正与雅典陪审法庭相类的机构。

尽管罗马不仅把公民出身的农民与城镇人口,还有被解放的奴隶以及其他外人,都包括在政治共同体之内,但精英们如何成功地把民众参与限制到如此的程度,则说来话长,与它连续的征服和领土扩张密切联系在一起。对于自共和国初期始造成这种形势的具体措施和战争—征服背景,我们了解甚多。但关于其政治,除关于恩主—门客关系以及诸如此类的抽象概括外,我们几乎一无所知。普鲁塔克《科里奥拉努斯(Coriolanus)传》中的虚构,李维和哈里卡那苏斯的狄奥尼修斯有关公元前 5 世纪至公元前 4 世纪贵族—平民斗争的叙述中的演说,都无任何意义。只有在它或多或少稳定发挥作用的数百年里——从根本上说,这是个寡头政体,对此我业已概述——我们才能对其政治进行研究,而且只有留意以古典时代雅典的政治作为参照系,研究或许才能达到最佳结果。

在这个领域,我们的主要权威莉莉·罗斯·泰勒(Lily Ross Taylor)如此为她关于罗马投票公民大会的著作开头:"投票是生活在共和国时代的罗马公民,或者当公民大会召开时,正在罗马的公民的一种主要职业……一年之中,几乎没有一个季节罗马既没有投票的公民大会召开,也没有为选举官员、批准法律和举行审判准备投票的选战。"①如我将论证的,这幅图画及其内容过于依赖普鲁塔克有关格拉古兄弟的传记,或者是过于依赖下一个世纪西塞罗书信的狂热口气,书信关注的是精英内部的操纵,而非公民。

泰勒的重点显然错了。第一,关于所需要的空间和时间的所

---

① Taylor (1966) 1.

有证据表明,公民大会或投票程序能够应付的,也许从来不超过一万人(至少奥古斯都之前如此)。① 而居住在罗马的合格公民达到六位数,居住在意大利的则达到七位数。第二,那些在正确的时间里正好在罗马却非罗马居民的公民的数量,是一个过于消极的说法,因为它忽略了一个关键事实:在重要问题上,乡村选民被召入罗马。考虑到乡村部落有三十一个,而城区部落仅有四个,所以乡村选民的分量超过其数量。我们得知(阿庇安:《内战记》,1.14),提比略·格拉古再次当选的尝试所以受阻,是因为他的乡村支持者无法放下收割的活计。他缺乏动员这些选民的代理人的说法,犹如在罗马政治家中,只有他在乡村部落中宣传竞选一样,都是不可思议的。第三,与雅典公民大会不同,在整个共和国的历史上,罗马公民大会通过的"法律"非常少,结果,除诸如在格拉古兄弟的十年中那样的危机时代外,"法律"不大可能是大多数公民的"主要"(甚至是次要)"职业"。在提比略·格拉古任保民官之前的两百年中,我们知道的法律不足两百个,有些甚至是文献顺便提及,而且这个数字还包括宣战和授予获胜指挥官以凯旋式。② 需要强调的是,一旦宣战,无论是百人团大会,还是任何其他公民大会,对于战争的进行再无任何发言权,除一个特例以外。甚至在那个例

---

① 详见 Staveley (1972) ch. 8—10;参见 Nicolet (1976) 333—380。

② 在 G. Rotondi, *Leges publicae populi romani* (Milan 1912; repr. Hildesheim 1966)的清单中,实际数字是一百九十三个(包括平民会议决议),还包括一批可能被拒绝了的提案,以及某些非常可疑的例证。J. Bleicken, *Lex Publica* (Berlin and New York 1975)有详尽的叙述,虽然过于冗长且重复,他对 Rechtordnung(法律秩序)和 soziale Ordnung(社会秩序)做了虚假的二元对立区分,见 C. Meier 在 *Zeitschrift der Savigny-Stiftung für Rechtsgeschichte, Romanistische Abteilung* 95 (1978) 378—390 的评论。

外中,它也根本不像雅典公民大会那样,控制战争的进程,后者犹如控制所有其他公共事务那样控制着战争。① 第四,对于市政官和财务官的选举,很难设想民众会投入热情。

无论如何强调公民大会活动领域的狭小都不过分,至少就整个公民群体而言。当候选人或即将表决的提案只由寡头们挑选审查;当执政官和副执政官的选举以及宣战权掌握在公民大会即百人团大会手中——其中下层阶级的百人团甚至很少被召来投票——之时,②如果我们说罗马人民不是通过对正式的政府机制的参与,通过其投票权来施加影响,而是通过上街、骚动、游行和暴乱来发挥影响,也许离真相不远。在内战那个世纪的黑帮与私兵之前很久,罗马政治就已经如此。我相信,李维和哈里卡那苏斯的狄奥尼修斯所反映的编年传统中事后将共和国早期所有平民的胜利都归于游行、骚乱和"撤离"时,它所暗示的就是这样。诚然这是个非正统的结论,但它可以从非常稀少的(属于我们所说的时期)例证中得到说明,那时民众的压力成功地反抗了元老院的建议。在战争、媾和与对外关系问题上,我们不知道任何人民成功抵抗发动战争决议的事例;无论如何,到公元前2世纪中期,正式的宣战投票可能已经终止,而有限的几个民众向元老院施压的证据,又经不起可供利用的方法的严格检验。③

---

① 请将公民大会有关西西里远征行动的碑铭残片(Meiggs/Lewis 1969 no. 78)与李维(24.11)报道的公元前214年元老院建议(senatus consultum)进行比较。
② Nicolet (1976) 391. 奇怪的是,尼科莱在本应由他从汇集的大量资料中得出在我看来属于必然的结论时,居然退缩了。
③ 请见 Harris (1979) 41—43 的简短讨论。

有两次选举至少有启发性。公元前185年,因一名副执政官死亡造成空缺需要选举,其中一个候选人是Q.福尔维乌斯·弗拉库斯(Q. Fulvius Flaccus),他是长期担任要职的福尔维乌斯家族的成员,其父曾四次出任执政官,他本人当时正担任市政官。保民官抗议说,福尔维乌斯的候选人资格不合法。随后是一系列的运筹和谈判,李维(39.39.1-10)对此有比较详尽的记载,但福尔维乌斯拒绝退出,最后元老院命令,由于他的顽固,用李维的话说,还由于人民顽固的偏见(*prava studia hominum*),国家将维持五个副执政官的现状,于是选举被取消。一代人后的公元前148年,西庇阿·埃米里亚努斯(Scipio Aemilianus)尽管至少在两个方面不合格,但仍自报候选执政官。这一次,虽然元老院和主持的执政官强烈反对,但民众的压力迫使他们让步。何以如此?史料既晚,而且过于简略,不能提供直接的答案,但阿斯汀的推测肯定是正确的:在缺乏"有序且合法的渠道"挫败元老院时,此前发生了"某种相当严重的公众抗议或暴乱"。① 同样的推测可以用来解释九年后一系列投票法(*leges tabellariae*)中的第一个的通过,这些法律先后将秘密投票制度引入了选举、司法审判和立法议案表决。②

罗马统治阶级武库中的另一武器还需要某些考虑,那就是解释超自然现象和征兆以及因此采取实际措施的独占权。我强调的是"权利"这个词。在古代世界,占卜当然是一种广泛的活动,可是我们关注的,不是与信仰有关的棘手问题,而纯粹是征兆和预兆对

---

① Astin (1967) 66.
② 请见本书第五章143页注③和注④。

正式政治行为施加影响的问题。简单地说,就是罗马人将一年分成吉日(dies fasti)和凶日(dies nefasti)。在吉日,可以合法地处理公共事务,凶日占一年大约三分之一的日子,那时就是禁忌(元老院会议例外)。① 总体上说,日子是固定的,因此被纳入政治日程表中,但历法上正常的吉日,可能因为某个预兆,例如鸟类不祥的飞行,突然被宣布实际是凶日,因此而出现了复杂的情况。为阻止公民大会的召开或者某个立法的通过,元老院或高级官员们会这么做,对于出现这种情况的情形,我们可以列出一个伏尔泰(Voltaire)式的清单。某种相反类型的操纵同样说明问题。例如,公元前193年,地震(非常恶劣的征兆)发生非常频繁,以至于所有公务陷入停顿,最后元老院禁止再报告地震的发生(李维,34.55)。对于这类做法,并不能纯以怀疑态度而弃之不顾,尽管有些当时人即那些"非常具有文人和有哲学头脑"的特殊人物曾有类似态度。在这种做法的背后,存在的是罗马宗教发展起来的典型方式,即"人类对征兆的解释,即使不如发出预兆的神灵影响更大,至少具有同等的影响"。②

同样典型的是,这种解释的巨大权力,实际上还有官方宗教的所有方面,都完全被纳入到政府机构之中,祭司们、占卜官和其他有权举行牺牲仪式的人,负责组织崇拜活动,解释神圣的征兆。他们同时也是元老院的元老和担任高级官职的人,是根据同样的"阶级团结与特权的原则"选举的。③ 当他们过于年轻,无资格担任官职

---

① 最充分的论述见 Michels (1967), esp. ch. 3。
② Jocelyn (1966/1967) 102—103;参见 Liebeschuetz (1979) 24—28。
③ Jocelyn (1966/1967) 92—94.

时,他们被举荐担任祭司职务者并不少见,有些人继续升迁,最终达到执政官的位置。[1] 无论是在雅典还是在希腊其他城邦,都不存在任何类似的情况。虽然在那里,"祭司"也完全是国家机构的一部分,他们可能具有的声望和资历(而那些占据多数、像其他官员那样抽签选出、任期一年的祭司则少有声望的资历),没有延伸到政治影响之中,甚至不足以提升他们本人的政治生涯。[2] 他们也不曾被授予公共占卜职责。很早以前,沃德·福勒(Ward Fowler)就已经注意到:

> 在罗马人的文献中,有关私人占卜的资料零零星星,哪怕把它们全部汇集起来,也没有多少……在希腊人的文献中,情形正好相反,在那里,我们很少听说国家授权的占卜,大量流浪的预言家、预言家族和神谕(除德尔斐外),都不在国家的直接控制之下。[3]

实践中的差异相当鲜明。在古代,每个公共行为都预先通过祈祷、献祭和发誓,力图获得超自然的支持,罗马人也事先寻求以占卜窥测神灵的态度。占卜是一种标准程序,一旦宣布征兆不吉,则毫无争议地自动接受,结果占卜官事实上拥有"对所有公共事务的否决"权。[4] 希腊国家没有类似官员,也很少咨询神谕或者预言

---

[1] D. E. Hahm,"The Roman Nobility and the Three Major Priesthoods, 218—167 B. C.", *Transactions of the Amer. Philological Assn.* 94 (1963) 73—85.

[2] 请见 D. D. Feaver,"Historical Development in the Priesthoods of Athens", *Yale Classical Studies* 15 (1957) 123—158。

[3] Fowler (1911) 295—296.

[4] Fowler (1911) 305.

家,他们将占卜很大程度上留给私人的"专家",这些"专家"的权威和预言总会受到挑战,或者被忽略。因此,在希腊历史上,政府事务和军事行动很少有因为征兆不吉而暂时中断的案例,也就不是那么让人惊奇了。① 公元前415年的双重恶兆——赫耳墨斯头神像被毁和对埃琉西斯密仪的"亵渎"——导致阿尔基比阿德斯因个人被指控而从西西里召回,但对远征本身并无影响。四年后,当有人建议重新任命阿尔基比阿德斯为将军时,两个传统上负责该密仪的家族即优摩尔皮德斯(the Eumolpides)和克里克斯(the Kerykes)家族"以诸神的名义"表示反对(修昔底德,8.53.2),但他们并非国家官员,无权否决,其抗议也无人理睬。

我不可避免地把复杂的形势,而且是矛盾的形势简化了。一方面,希腊人和罗马人的宗教虔诚随处可见,到处存在。可是,虽然他们理所当然地承认了罗马人称为 *ius sacrum*(圣法)的分类,但实际上并无教会法,因为圣法由国家同一个机关作为民法加以规定和实施,尽管在需要专业的建议时,人们会利用不同的专门人士。国家有权惩治冒犯诸神的犯罪行为,监察或废止宗教习惯、组织和信仰,而且尽管国家是宽容的,但在面临压力时它会断然采取这类行动,不会迟疑。另一方面,政府事实上是世俗化的,虽然表面上不是。例如,争议中一度被作为正式证据的誓言(例如荷马的

---

① 在军事方面,普里彻特(Pritchett 1971—1979)第三卷第一至四章汇集的资料,清楚地表明了它的稀少。参见 H. Pope, *Die Einwirkung von Vorzeichen, Opfern und Festen auf die Kriegsführuhg der Griechen*... (Diss. Erlangen 1957)。最近有人称,西西里远征,因此还有雅典帝国的命运"取决于……雅典人和非理性的关系",我觉得纯粹是开玩笑。见 C. A. Powell, "Religion and the Sicilian Expedition", *Historia* 28 (1979) 15—31。

《伊利亚特》，23.581-5），尽管仍需要全部的见证人在场，但被变成了纯粹的仪式。如今需要的是必须说服法官和陪审员，伪证将招致神谴的威胁本身，已不再具有说服力。① 众多希腊共同体将抽签选拔视为常规，从无人认为，这种选举因此就被转归诸神了。② 如果罗马人拒绝了这个程序，那也不是因为任何与宗教有关的原因。

总之，我找不到任何可以证明下述观念的证据：为了支持某种重要的纲领或统治阶级的利益，对宗教进行直接操纵。必要的信条和教会组织都缺失。没有任何其他观点较马丁·尼尔逊（Martin Nilsson）关于希腊人政治行为的看法更不符合实际，也更不符合史料证据了。他宣称，神谕和征兆"是影响那些在街道上的人——他们在公民大会中投票——最为有效的方法"。③ 某个具体的个人的投票确实可能为神谕或预言决定，但没有任何重要的例证证明德尔斐的神谕决定了一个国家的行动进程（事后提出有关失败的解释则不同）；也没有任何案例表明，因为私人占卜师或神谕贩子的抗议，让政策出现了真正的转向。如我们已经指出的，在罗马，行动可能因为官方对征兆的解释推迟，但对尼尔逊有关的精英的开明与大众的迷信冲突的信条来说，这并非什么支持。在罗马，在没有这个额外的武器的情况下，民众参与业已受到充分的遏制，对它的使用，应恰当地置于统治精英群体中个人或朋党之间

---

① 请见 K. Latte, *Heiliges Recht* (Türbingen 1920), pp. 37—39。

② 请见 Headlam (1933) 4—12。

③ M. P. Nilsson, *Cults, Myths, Oracles and Politics in Ancient Greece* (Lund 1951), p. 134. 这种理路是 Nilsson, *Greek Popular Religion* (New York 1940)的核心动机。

第四章　民众参与

人际争斗的背景中。①

大量的宗教习俗,当然是传统风俗(nomos)或祖宗习俗(mos maiorum)的一个有机组成部分,它们支撑着整个结构,其中包括精英的统治权。法西斯、扈从和凯旋式的神圣氛围(第三章已经说明)是一个例证,但并无进一步宣称某个高级官员的决定或者立法决议具有神圣性的行动。在当前的语境中,决定性的事实是,尽管政体出现危机时,诉之祖宗旧例常有耳闻,但那些抗拒或主张变革的人并未求助于神灵。虽然在一场行动中人们可能希冀神灵佑助,但谁也没有提出诸神关注一个政治问题的本质。当占卜官取消一场公民大会时,他宣布**那天**征兆不利于公共事务,而不是说投票表决的"提案"未得神灵赞许。我发现这是一个关键性的区别。我的"伏尔泰式清单"日益集中于公元前1世纪,那时存在公开的犬儒主张和公开的派性。有人已经正确地指出,它们构成了"共和国政治制度崩溃的一个方面"。②

我相信,最近数代的古史学家们所以倾向于回避对政治进行严肃的探讨,原因之一是古代的,尤其是罗马的政治,对那些浸淫于"理性的"政治神话中的人来说,犹如一场无意义的游戏,在"理性的"政治中,领袖和他们的支持者是一群我称为脱离了肉体控制的灵魂,既无激情,亦无偏见。最近数十年的经验已经证明,人们把偏颇的投票制度、征兆的解释、魅力型领袖以及所有其他类似事物,都作为"现实的"和合法的运作机制加以接受

---

① Libeschuetz (1979) 13—15; Jocelyn (1966/1967) 96—97.
② Liebeschuetz (1979) 16.

的限度,几乎是无限的,它们不是空洞的说教。关键在过去是(仍然是)一种信仰,或至少是一种希望,即那些机制和场面是一个过程的一部分,它们会导向社会目的的实现。换句话说,政治不仅仅是无止境的程序,它们关乎的是实际问题,不过这是我们将随后系统加以考察的方面。

第五章　政治问题与冲突

　　无论在古代的希腊罗马世界,还是在当代的背景中,职业政治家都是公民群体中一个可以忽略不计的少数。对他们来说,政治是一种生活方式,尽管他们相信,或至少他们让自己相信,他们的目的是提升他们活动于其中的那个社会的善。换句话说,政治是次等的活动,其目的是取得本身并非政治性的目标。对所有其他人来说,政治完全是工具性的,因为重要的终归是目标本身。我这样说,并非暗示在选战或一场短兵相接的立法竞争所激起的兴奋中,就没有任何的满足感或者乐趣;也不暗示罗马类型的选举,由于其大规模的竞技表演和分发实物,就没有直接且显而易见的、与政策和纲领无关的收获。我同样不认为,公民大众心目中不曾产生确定的目标,或者说他们不那么像当今的同侪那样持有相互对立的观点。我想说的不过是常识:那些在选举中或公民大会上投票的人并不能把具体的人与问题区分开,而且他们相信,有关问题以这种或那种方式对他们重要,足以值得他们参与某个层次的政治。①

　　可是,这个看来如此明显的评估,却从两个相反的方向遭遇古史学家的挑战。在写到古代希腊,更具体地说是雅典时,克里斯提

---

① 请见 Finley(1976a)。

安·迈耶(Christian Meier)称,在那里,"政治是如此一种存在(Sein)方式,是如此一种生活方式,以至于它不可能是满足其他生活领域的利益的一种方式。"① 可是,它从另一方向遭遇普遍反击,例如,阿斯汀在结论中说,罗马执政官选举中表现出来的"能量与争斗几乎与国家的决定无关,只因一个简单的理由:选举或者拒绝选举某一特定候选人,很少能决定此类决策"。罗马人民的"投票很少影响国家政策"。② 虽然他把自己的判断限定在公元前200年至公元前167年这个时期的执政官选举,而且可以假设不会自动延伸到所有其他时期,且肯定不会覆盖公民大会在根本性措施问题上的决定,但我仍对把作为个人的候选人与作为政策具体表现的候选人隔绝开来的取向表示怀疑。确实,元老院即政府肯定不会随着每年一度的执政官选举调整政策,而且在任意两个候选人之间做出的选择,通常也无重大的政策含义,但那不是问题的关键。问题毋宁是:投票的群众是否认为——不论他们的想法是现实的还是愚蠢的——到底是 X 还是 Y 当选是重要的。强行引入自明之理——"选民"是一个抽象概念,不同的选民在做出选择时有不同的理由——没有益处。如果他们的决定,无论是有意识的还是无意识的,也不管是对还是错,受到了某个政治人物的纲领、姿态、行为过程等特点的影响,那他们投票的效力和他们判断上的差异,就不能用来否认他们所想的是"国家的决定"。此外,如果他们对决定的选择有兴趣,那我说的就是正确的:对他们来说,政治

---

① Meier (1980) 258. 他拒绝了我关于政治乃工具性的观点,却没有明确考量我采取此一立场的根据。

② Astin (1968) 10—11; cf. Veyne (1976) 419—426.

是工具性的。

阿斯汀涉及的公元前200年至公元前167年(幸存的李维《罗马史》最后十五卷所覆盖的年代)的数十年中,对外事务被在东方、马其顿、希腊和小亚细亚进行的战争与外交活动支配。李维的叙述中,充斥着罗马对这些新的、很大程度上不了解的对手的目的与潜能的犹疑,以及对东方的敌人与盟友策略上相当程度的摇摆;还有在形成长期政策决定中的缓慢(如果曾经考虑到长期政策的话)。除其中一次或两次的情况有粗浅的了解外,我们永远不可能知道对其他情况下的特定政策有过多少辩论,官职的主要竞争者们在多大程度上主张这一或那一策略与政策,以及在这些问题上的公共舆论如何。我无法相信,竞选与军事活动只是一种荣誉和战利品、名号与凯旋式的游戏,而不是任何其他东西。① 公元前200年,对马其顿的宣战遭遇民众抵制,公元前193年、公元前191年和公元前171年的征兵,都出现了地方性的麻烦。这个时期还有重要的国内措施和冲突:公元前196年的刑事审判(不是第一次),罪名是违犯了在"公地"上限制放牧的规定;公元前195年,取消了反奢侈法;公元前193年的法律,意在制止通过将非罗马人的"合伙人"引入借贷生意,以规避罗马高利贷法的做法;公元前187年,那些已经合法移居罗马城并因此获得了罗马公民权的大量拉丁人被驱逐,公元前177年,驱逐再度发生;公元前186年的酒神崇拜案;加图(Cato)监察官任内(公元前184年)更多反奢侈法的出台,以及

---

① 我针对的观念的经典陈述见塞姆(Syme,1939)第11页:"罗马共和国政治生活的特性和主流,不是党派和纲领……而是对权力、财富和荣耀的争夺。"

出让公有地合同中的丑闻(公元前169年再度发生);公元前180年的任职年限法(lex annalis)——它试图规范荣誉阶梯(cursus honorum);公元前172年,全面清理坎佩尼亚公有地上的非法定居者。

我仅仅列举了公元前200年至公元前167年这个时期的一个不完全的清单。就我们所知,那些年里,罗马人广泛定居于意大利的殖民地,不存在土地占有的普遍危机,此前已经有过的,或者几十年后将会大规模发生的那样;对征召的抵抗还没有达到公元前151年和公元前138年那样尖锐的程度,那两年里,保民官为阻止征兵,监禁了执政官。那是属于布朗特称为"平静的时代:公元前287年至公元前134年"的年代,他解释说,那时"民众的骚动"已经"几乎终止了"。① 但安静和骚动都是相对的概念,我们有落入下述陷阱的危险:在处理遥远的年代时,历史学家必然具有缩短时限的习惯,用半世纪、一世纪甚至一千纪来思考。可是,历史学家的研究对象的寿命,是若干年和数十年,不是数百年,他们不会生活在永久性的街头暴乱和内战中,那意味着政治和政治社会的终结。因此,用没有内战表示平静,本身并不暗示不存在政治冲突,同样,没有或者很少有大规模的骚乱,也不意味着骚动消失了。政治冲突采取的形式不同,而且它也需要解释。我们必须思考,为什么存在此类长期的平静,而其他时期出现动荡。

对公元前200年至公元前167年而言(所以选择这个时期,纯粹因为它是阿斯汀讨论的主题),我的清单中包括足够多的时候,那时严重地触及利益分配;即使没有达到武装骚乱和"撤离"的程

---

① Brunt (1971a) 13.

度,我们仍可以合理地认为存在分歧和冲突。由于我们的主要史料即李维《罗马史》的性质,基本缺乏直接的证据。他置公元前200年民众对宣战的反对于不顾,用鄙薄的口吻评论说,保民官Q. 巴比乌斯(Q. Baebius)诉之于古老的策略(*via antique*),攻击元老们(*patres*)一场接一场地发动战争,剥夺了平民们享有的和平。那时不存在公开的骚动吗?他有关酒神崇拜案的长篇叙述(39.8—19),是一篇有关阴谋和非自然仪式的恐怖故事,少有事实细节,关注的是元老院和执政官拯救罗马的英勇努力,忽视了普通公民的观点和行为。将拉丁人两次从罗马城中驱逐的行动,被单纯归于拉丁人共同体对于他们自己人力损失的抱怨(39.3.4—6;41.8—9)。由于这一大规模的人口涌入,罗马自身难道就没有出现问题?不管问题是经济的还是政治的。他对我所提到的其他措施都报道平淡,仅用一两句话提到了采取的行动,只有一次重要的例外,即由于大规模的公开抗议,即使不是迫使,至少也是促使了公元前195年的取消反奢侈法。该法限制妇女们的马车和装饰品(34.1—8)。我认为,李维所以提供这条资料,纯是因为妇女相当程度上参与了公开的抗议,它显然偏离了传统的合宜行为。

这一时期,大众的意见对罗马统治阶级少有影响肯定是正确的,但我们不能从民众的无能(或李维的沉默)推论说,公民的大多数对政策问题毫无兴趣,而且从不曾企图表达他们的看法,或者说高级职位的竞争者不把大众的观点纳入自己的算计(和行为)之中。如果罗马的候选人和选民都同样完全将自我的利益与公共利益分割开来,那他们可能是政治社会历史中独一无二的了。在此,诚实、一贯的逻辑与效率都不是要点所在。对弗拉米尼乌斯

(Flaminius)和格拉古兄弟,更不用提雅典的阿尔基比阿德斯和共和国末年的尤利乌斯·恺撒的动机或诚实的关注,只能妨碍我们的分析。

行为者对自身利益、自己阶级或群体的利益,还有自己国家的利益的判断,当然是个复杂问题。即使在行为者本人看来不是自相矛盾的,在观察者看来则常常如此。在一个战争乃生活的一个正常部分的世界,人们有着强烈的民族利益和爱国情感,价值观的意识形态式表达与对具体的实际措施(在我们自己的社会中,证据如此充分[①])的反应之间的普遍矛盾,会得到不断释放,如同我们从公元前191年海外殖民地公民请求豁免海军军役的请求中看到的那样(李维,36.3.5)。其他明显的矛盾即长期利益与短期利益、个人利益与阶级(或群体)利益,实在过于明显,勿需长论。尽管如此,虽然人们对利益的自我估计与随后的行为可能既含糊又混乱,但仍有可能比较精确地勾勒出不同群体之间政治冲突的主要场域及其潜在动机。尽管冲突的最终结果有别,但由于问题足够类似,将希腊与罗马绑在一起考察,仍是可能的。

政体冲突明显可以作为起点。在这一冲突中,似乎最为明显地存在两种不同层次的激烈冲突。一个层次是赤裸裸的权力斗争,即下层阶级常常为分享政府统治权(常常是名副其实的)而战,在他们取得成功之处,上层阶级就试图重夺他们已经失去的政治垄断权。自公元前5世纪中期以来,政体的轮回(*metabole*

---

① 请见 Finley (1973b) 62—63 的简短论述,附参考文献。

politeion)就成为了希腊政治分析家最着迷的主题。① 在亚里士多德的整部《政治学》以及他及其学派编写的一百五十八部记述各城邦政体的小册子(除关于雅典的外,其他全部失传)中,它一直出现。迟至公元前2世纪,希腊人波利比乌斯仍为罗马人的逃脱轮回而疑惑不解。② 在背后是众所周知的事实:即使在他们自己的时代,政体也非常不稳定。在一个接一个的城市中,都不断发生着寡头制与民主制的轮回,与之相伴的是内战、大规模的屠杀、流放和财产充公。有时僭主会介入,给这个循环增加一个维度。冲突的另一层次,即"静悄悄型"的,则以现存政体框架内的变动为特征,那是一个从未停止的过程,而且有时骚动和抗拒的存在,会比毫无情调的"调整"一词可能暗示得更多。尽管这两个层次达到各自的极端时是如此不同,但仍有大片重叠的灰色空间。

在总结《雅典政制》的历史部分时(第四十一章),亚里士多德统计了雅典政体的十一次转变:它始自传说中的伊翁(Ion)和提修斯(Theseus)时代的两次以及令人生疑的德拉古(Draco)改革,继之以梭伦的改革,庇西斯特拉图家族的僭主政治,克里斯梯尼政体,希波战争期间战神山议事会对领导权的接管,厄菲阿尔特(Ephialtes)对战神山议事会权力的剥夺,公元前411年的寡头革命,一年后寡头制的被推翻,伯罗奔尼撒战争末期的"三十僭主",终于公元前403年民主政治的最终恢复。这个描述存在难解之处,但抛开细节不论,无可争议的是:公元前5世纪末即古典时代

---

① 标准的叙述是 Ryffel (1949)。
② 最近的论述见 Nippel (1980) 142—153。

过一半的时候,不平静的争斗反复出现。同样无可争议的是,有时平静与暴烈的冲突之间区分模糊。当梭伦被授予全权时,雅典或许已经处于内战的边缘,但传统中并无实际交战的暗示;厄菲阿尔特能够取得变革的方法没有得到注意,因此给人一种"和平"的印象,但他遇刺的事实让这个印象存疑;修昔底德描绘的公元前411年的寡头政变,是通过宣传与恐怖的经典结合实现的。

在公元前 5 世纪的发展中,尚有众多不曾带来政体变革（metabole）、但在塑造雅典制度中起到非常重要作用的措施。它们是:将军和执政官选举方法的变革,提升了前者而降低了后者（以及军事执政官）的地位;执政官职位向梭伦规定的第三等级即"双牛级"（zeugitai）开放;公元前 451 年或公元前 450 年的婚姻法,该法将公民权限制在父母双方皆公民的后代中;公职津贴;审查离任官员的审计委员会（logistai）的设置;违法提案起诉（graphe paranomon）的引入;陶片放逐法的废弃;该世纪末对法律的修订与立法委员会（nomothesia）的设立。难以想象在采取这些以及其他措施时,没有出现反对、辩论、骚动和冲突。可是,对其中的众多措施,我们甚至不知道采用的时间。

我的清单将有关外交与军事政策、战争与帝国的辩论和冲突排除在外。对其他希腊城邦而言,这样排除事实上就等于对它们的政治一无所知了。只有叙拉古短期内是个例外。这是由于蒂迈欧（Timaeus）的《历史》主体部分在狄奥多罗斯（Diodorus）的著作中保存了下来而出现的非常例外的情况。① 即使史料对有关政体

---

① 请见 Finley (1979) ch. 5—8。

第五章 政治问题与冲突

变革有所记载时,如同并非不常见的案例那样,也缺乏有意义的细节,而且它们何时发生常常都不能确定。公元前3世纪阿吉斯(Agis)和克列奥美涅斯(Cleomenes)统治前的古典斯巴达,情况就是如此;阿尔哥斯亦如此,其零散的资料只够让我们了解其政体结构毫无血肉的骨架;①公元前5世纪的克俄斯和萨摩斯(Samos)亦如是,因为(不如说是尽管)有修昔底德那些简略的陈述,②忒拜也如此,尽管有色诺芬《希腊史》以及普鲁塔克围绕埃帕米农达(Epaminondas)和帕罗庇达斯(Pelopidas)在公元前4世纪的活动的冗长叙述。③ 至于其他成百上千的城邦,无论大(科林斯、阿克拉加斯[Acragas])小,我们事实上都没有资料。阿米特(Amit)有关大小城邦长时段冲突的三个个案研究的开头语,充分总结了我们的处境:"关于埃吉那(Aegina)的历史(除考古资料外),我们拥有的独立知识几乎为零。在历史文献中,该岛主要因为它与雅典的联系而现身。"④

除非亚里士多德失传的一百五十七部《政制》神奇再现,否则任何东西都不会根本改变当前的情况。在其幸存的作品中,他只

---

① M. Wörrle, *Untersuchungen zur Verfassungsgeschichte von Argos im 5. Jahrhundert vor Christus* (Diss. Erlanger-Nuremberg 1964). R. A. Tomlinson, *Argos and the Argolid* (London 1972)有关的简短数章(第十八至十九章)史实少,想象多。

② 因此,现代学者持续地尝试在混乱中找出头绪,却不成功,最近的见 J. L. O'Neil, "The Constitution of Chios in the Fifth Century B. C.", *Talanta* 10/11 (1978—1979); W. Schuller, "Die Einführung der Demokratie auf Samos im 5. Jahrhundert v. Chr.", *Klio* 63 (1981) 281—288。

③ 请见 P. Cloche, *Thebes de Beotie* (Publ. de la Fac. De Philosophie et letters de Namur 13, n. d.)的叙述。

④ M. Amit, *Great and Small Poleis* (Brussels 1973), p. 9.

不过提供了那些引发内战的偶然事件以及所使用的策略的零散例证,而且这些例证零碎、缺乏具体时间且常常不清晰。《政治学》中关于马赛利亚([Massalia]即马赛)的两段可谓范本,其第一段(1305b2—12)如下:

> 如果官职被少数人保持,有时寡头政体会被那些摒弃在公职之外的富人消灭,在伊斯特罗斯(Istros)、赫拉克里亚(Heraclea)、马赛利亚和其他城邦,就发生过这样的事情。那些被排斥在公职之外的人扰攘不休,直到参政权先是被授予[各家的]长子,后来是少子们……于是在马赛利亚,寡头制变得更加共和(politikoteros),在伊斯特罗斯,则最终变成了民主政治,在赫拉克里亚,是从少数人扩大到了六百人。

同一卷稍后,亚里士多德解释说(1321a6—35):

> 一个寡头政体可通过不同方式授予大众(to plethos)以政府组织(politeuma)的参与权……例如在马赛利亚,是选举那些政体之内和之外有资格的人。

所有人都可以自由猜想亚里士多德的意思(但受到他所称的混合政体[politeia]这一政府形式观念无可救药的模糊性的阻碍,他所说的政体既非寡头制,也非民主制,但又比两者都更令人向往);这些行动何时发生?亚里士多德时代,马赛利亚实行何种政

第五章 政治问题与冲突

体？下一条资料是一百多年之后的，那是一块来自小亚细亚地区兰普萨库斯（Lampsacus）的、公元前195年的铭文，其中提到马赛利亚有一个官员群体名为"尊荣者"（timouchoi）。① 然后我们只能再等一百五十年，才有西塞罗、恺撒（以及他们之后两代人中的其他拉丁作家）赞扬马赛利亚现存贵族制度的空话，以及希腊地理学家斯特拉波（Strabo, 4.1.5）的一个句子，它解释说，六百个终身任职的"尊荣者"（timouchoi）构成了议事会，议事会以一个十五人的执行委员会以及一个更小的三人委员会为首。现代历史学家徒劳无益的游戏却并未受到阻碍，最近一个玩家的结论是：在五百五十年里，马赛利亚的"世袭和财富贵族一直掌握着权力"，"不曾有任何骚动，也不曾有任何一次来自人民的要求被记录下来"。② 这些话表明，他对亚里士多德的话完全是充耳不闻，但我的兴趣毋宁在于其方法论上的错误——我们以后还会回到这个问题上，他假设我们的史料非常完备，历史记录代代相传，因此具有某些价值。

当我们把目光从希腊世界转向那不勒斯湾以北的意大利时，任何对政治的考察，不管是埃特鲁里亚人的，还是萨莫奈人或其他意大利民族的，在他们进入罗马势力范围之前，都会因为几乎彻底的沉默而被阻碍，只有罗马例外。从共和国创立到"霍腾西乌斯法案"——它授予平民会议决议（plebiscita）即平民大会（concilium

---

① *Sylloge inscriptionum graecarum*, 3 ed., 591.45,49.

② M. Clavel, "Das griechische Marseille. Entwicklungsstufen und Dynamik einer Handelsmacht", in *Hellenische Poleis*, ed. E. C. Welskopf (4 vols., Berlin 1974) II 855-969, at pp. 902—907. E. Lepore, "Struttura della colonizzazione focea in Occidente", *Parola del Passato* 25 (1970) 20—54, at pp. 44—53 所做的重建的尝试，最为合理，但我的批评仍然有效。

plebis)采取的措施以法律地位——颁布的两百多年,在有关罗马历史的著作中,通常冠之以"等级斗争"的时期。但是,"斗争"意味着什么?它采取何种形式?李维《罗马史》前面的数卷充斥着公开的抗议、骚乱和街战巷斗,有三次即公元前494年、公元前449年和公元前287年,平民"撤离"了,也就是说,他们拒服军役,除非采取某个特别措施。另一方面,李维发现等级和谐(*concordia ordinum*)的时期也并不少见(例如7.27.1)。李维会以非常随意的方式记载许多重要措施的通过,而没有暗示伴随有任何混乱情况,例如公元前357年规定利率最高为十二分之一(7.16.1)的法律。在不信任李维叙述的问题上,我绝不向任何人屈服,更不用说相信哈里卡那苏斯的狄奥尼修斯或者普鲁塔克了,但我相信总体的模式是正确的。也就是说,两百年连续的骚乱性冲突,在一个有组织的、功能正常的社会中,不可能存在,不管它是在罗马还是任何其他地区。当时有一些冲突的紧张程度达到顶峰、内战可能爆发的年代,但大多数年份,是"平静的",其间在民众不满的背景下,于统治阶级内部通过操纵,以不均匀的频率进行了政体的变革。

各种层次的紧张,都包含在那个绝妙的合成词"冲突"(*stasis*)中了。当用于社会—政治语境中时,"冲突"一词意义广泛,从政治上的拉帮结派或帮派之争(用其贬义)到公开的内战。这正是现实的反映。古代的道德家和理论家们对现实抱着敌对态度,因此可以理解地拘泥于该术语的贬义方面,将"冲突"作为他们社会的核心病症。可是,现代历史学家为何追随他们,就难以理解了,如利德尔和斯科特(主编的《希腊语英语大辞典》)所为,它将"冲突"界定为"为叛乱意图组合的党派"。这是个彻底的错误,"叛乱的"并

第五章 政治问题与冲突

非其必然含义,尽管在特定情况下可能是一个。① 可以肯定,任何"冲突"的意图都是带来某些法律或者机制上的变革,而且对某个集团、派别或者阶级来说,任何变革都意味着权利、特权或财富的丧失,因此,对他们来说,"冲突"是叛乱性的。但据此立论,则任何社会中的所有政治都是叛乱型的,只要那里有某种程度的民众参与,或者某种程度的政治操纵的自由。②

一句话,将古代城邦的历史划分为整齐的、长期的、界限分明的非"斗争"即"平静"的时期,是错误的。可是,我们仍能看出某种模式。从古风时代的贵族独占到古典城邦结构的转变,必然存在某些斗争尖锐、甚至是内战的时刻,其间隔着比较长期、也比较安静的骚动期。然后,一个基本的差异就产生了:在那些新制度充分稳定的国家中,连续的政治冲突总体上受到遏制,少有极端形式的"冲突";但许多国家,可能是大多数国家,从未达到那样稳定的程度,因此在那里,存在经常的、血腥的来回摇摆,它或者发生在民主政治与寡头政治之间,或者在寡头内部的这个与那个帮派之间。主要的差异是稳定性的程度,而这正是需要解释的。我发现,成功的征服型国家——雅典、斯巴达和罗马——同时也是稳定的国家(在我这里使用的这个概念的特定意义上)。战争本身并不是变量,因为它是个无所不在的活动。重要的是连续战争的结果,首要的是对农民主体的影响。如布朗特正确地指出的,最后,"共和国垮台的革命进程是由士兵决定的,而他们几乎全部是从乡村人口

---

① 罗伦(Loenen 1953)已经证明了这一点,他的分析遭到忽视,甚至没有出现在林托特(Lintott 1982)长达八页半的参考文献中。

② 请见 Finley (1976a) 6—8 的简短论述。

中征召的。"① 在此前的几百年中，同样是乡村人口让罗马的政府和国家的相对稳定成为可能。

所以，我要回到我本章开头的论点，即政治的工具性。公元前4世纪初，吕西阿斯（25.8）的一个委托人说："谁也不是天生的寡头派或民主派，他之支持一种制度，是出于利益。"这是一个低下的技术、小农所有制、小作坊和街头小贩起主导作用的世界，因此，乡村总是处于灾难的边缘，城里总是面临粮食短缺。对于公民大众来说，除了制度安排增加了决策符合他们利益的可能性之外，雅典的执政官是选举还是抽签挑选重要吗？罗马的执政官是否向平民出身的人开放重要吗？在两个城市中的任何一个中，他们在公民大会中的投票能否有效重要吗？

他们的利益大体在于两个广泛领域。一个是他们在法律上保护自己和捍卫权利的权力（在其形式的意义上）。在古风时代，这是一个冲突特别尖锐的问题，那时法律尚未写成文字，司法权威为一小撮封闭的贵族等级垄断。在罗马，就我们所知，围绕十二铜表法的斗争最为壮烈和艰苦，但有关希腊"立法家"难以捉摸的传统，所反映的是同样的情形。亚里士多德（《雅典政制》，9.1）在给梭伦的措施做结语时，说其中三条对平民最为有利：废止债务奴役；授予第三方在诉讼中代表受冤者起诉的权利；引入向法庭上诉的制度。我这里感兴趣的是第二条。没有任何古典时代的国家曾确立充分的政府机制，以确保被告出庭，或者执行私人诉讼中的判决。因此，诉讼人必须依靠自己。在此背景下，只要诉讼双方控制的资

---

① Brunt (1971a) 8.

源不平等,很显然就会造成一方得利。① 梭伦的措施以及罗马诸如 *vindex*(或对抗官员、保民官)的制度,意在削减过大的差距,其典型特征是利用庇护制度而不是国家机器。法律的公布是迈向同一方向的一步,对公布法律的抗拒,表明它对社会下层,事实上是对封闭的统治圈子外的所有公民来说,不仅仅是个纯粹的形式。

但如我们已经指出的,法律的实质,即法律的"范型",仍存在严重的偏颇。哪怕是民主化的希腊法庭,也没有清除债务法的严厉,更不用提罗马人的了,他们处理私人纠纷的司法人员仍由精英阶层成员独占。在我们考察的这个领域,债务法可能是最为关键的节点。当然我们可以说,在整个历史上,债务法都是如此,这一法律面前严重的不平等,已为弱势阶级接受为生活的事实。而在其他方面,他们却进行斗争;当他们斗争时,他们争得的是明确的物质利益,而非形式上的权益。在农业社会中,这首先意味着减免债务负担——即负债的事实,而不仅仅是法律形式上减免——以及获取土地。这两个问题合起来——危机时期它们常联系在一起——构成了第二个广泛的利益领域,即人们期待通过政治权利而得到改善的领域。虽然希腊的史料最近已被汇集起来并得到了充分分析(首次是20世纪60年代),②但有关的讨论仍然弥漫着

---

① 请见 Egon Weiss, *Griechisches Privatrecht* (Leipzig 1923) bk iv; Kelly (1966), esp. ch. 1; 以及 R. von Jhering, "Reich und Arm im altrömischen Civilprozess"的经典分析,载他的 *Scherz und Ernst in der Jurisprudenz* (3 ed., Leipzig 1885), pp. 175 ff。

② D. Asheri, *Distribuzioni di terre nell' antica Grecia* (Memorie dell' Accademia delle Scienze di Torino, Classe di scienze morali..., ser. 4, no. 10, 1966), and "Leggi greche sul problema dei debiti", *Studi classici e orientali* 18 (1969) 5—122.

现代的意识形态立场。一方面，如果说今天关于古代"社会主义"的罪恶的胡说也许不像过去那么多的话，①则另一方面，对我们的资料及其上层阶级的取向，仍存在反常的徒劳无益的怀疑。

我们太轻易地抛弃那些有关"取消债务、重分土地"等革命口号概括性或修辞性的评论，例如柏拉图的(《法律篇》,3.684 D—E,5.736 C—E),伊索克拉底的(12.259),或者波利比乌斯的(6.9.9)。同样，我们也很容易嘲讽诸如狄奥多罗斯有关公元前370年阿尔哥斯冲突的摘要叙述(15.58)：因为人民领袖煽动民众攻击富人，寡头们秘密策划政变；阴谋者被出卖，一千二百人未经恰当审判被处死，财产被没收。最后，嗜血的暴民也处死了人民领袖们。狄奥多罗斯总结道："所以，他们得到了与其罪行相当的惩罚……而民众的癫狂被消除，恢复了他们良好的意识。"

对这类史料的不信任肯定是合理的，但不信任不意味着忽略。不是所有的叙述都像狄奥多罗斯有关阿尔哥斯的叙述那样有倾向性。例如，无论怎样我们都无法绕过修昔底德简短提到的莱翁提尼(5.4)和萨摩斯(8.21)在伯罗奔尼撒战争期间对被没收财产的分配，两个案例都与政治革命有直接关系。对柏拉图和伊索克拉底作品中可能存在的意识形态歪曲的怀疑，也无法延伸到官方的文件上，因为雅典陪审员的誓词中，就包括"我不会允许取消私人的债务，也不会允许重分属于雅典公民的土地或房屋"。公元前3世纪初，克里特岛伊塔诺斯(Cretan Itanos)要求于其所有公民的

---

① 例如 Pöhlmann (1925) I 322-419, II 437—463; A. Passerini, "Riforme sociali e divisione di beni nella Grecia del IV secolo", *Athenaeum*, n. s. 8 (1930) 273—298。

誓词,也是如此。公元前4世纪德尔斐关于借债的法律附有禁止性条款:任何试图废止该法的人,将如同那些建议重分土地或取消债务的人一样受到诅咒;公元前338年在马其顿的腓力领导下建立于科林斯的希腊国家联盟,规定任何城邦都不得"为了革命目的没收财产、重分土地、取消债务,或者解放奴隶"。① 以誓言和诅咒支持的此类纲领性的声明,不大可能是基于纯粹想象出来的恐惧而予以采用的。

诚然,事实是我们很少有这类明确的陈述,文献记载中完全取消债务(如梭伦的所谓"解负令"[seisachtheia])或对一个共同体土地全部重分的例证更少。"重分土地、取消债务"是一个乌托邦式的口号。可以获取城邦领土之外的土地供无地者利用(我们称之为殖民),或者可以部分重分冲突中没收来的被害者的土地(如在已经提到的莱翁提尼和萨摩斯)。债务负担可以通过废止债务束缚,限制利息率,或者通过延期偿付,予以减免。一旦我们把注意力从空想的计划上移开,哪怕是从我们非常随意地挑选的现有文献来看,以缺乏证据为由而予以否认的说法使不攻自破。总之,古代作家们的假设没错:只要有政治冲突发生,而且穷人或多或少参与其中,其幕后都会存在有关土地和债务的不满;他们反映的上层阶级的恐惧也没错:激进的要求随时会从幕后进入舞台中央。我认为,民众对于政体改革和选举的兴趣背后,对于政治冲突的兴趣背后,都隐藏着实质性的问题。

---

① 有关引文分别见 Demosthenes 24.149;*Inscriptiones Creticae* III iv, 8.21—24;*Fouilles de Delphes* III I, 294;Pseudo-Demosthenes 17.15。

普通的希腊人和罗马人，像任何地区的普通人一样，并非平均主义的空想派，甚至在内战和反征兵示威所唤起的极端情绪下，他们通常最终都会接受"改革派"的措施；在法律纠纷中，他们宁愿通过庇护制获得保护，而不是更加深远地对法律本身变革；他们宁愿废止债务束缚，延期偿付，限制最高利率，而不是取消债务；只要可能，他们宁愿殖民，而不是重新分配土地。最后这个选项或许是消除内战最好的安全阀，也是政治"平静"和稳定的关键。

从古风时代希腊的最早时期，也许早到公元前8世纪中期，希腊人就不断流散到外国领土上的新定居点（对它们来说，"殖民地"乃是误称），在西方扩展到马赛利亚以及西班牙海岸；在东北，扩展到克里米亚（Crimea）以及黑海的东端。从幸存的少得可怜的古代记载中，不可能考察这场运动的政治。而且在城邦的这个萌芽时期，人们能否恰当地谈论它们的政治，无论如何都令人生疑。我们可以合理猜想的，不过是如此众多的富有冒险精神的小股移民反映了国内的冲突，在某些城市，它一再发作（最显著的是米利都[Miletus]），有些时候，也许是经常性的，这种冲突涉及强制驱逐。① 我们还可以设想，比如公元前6世纪，日益具有政治意识的平民也越来越不愿意接受解决其土地短缺问题的此类办法。因为地中海和黑海沿岸良好的土地已被占据，因为埃特鲁里亚人和迦

---

① 唯一能肯定的强制移民案例是特拉在库列涅的殖民，需把 Herodotus 4.153 和 *Supplementum Epigraphicum Graecum* ix 3 合并考察。古代曾宣称米利都的殖民地数量高达九十个，见 Pliny, *Natural History* 5.112; F. Bilabel, *Die ionische Kolonisation* (*Philologus*, supp. xiv I, 1920), ch. 1. 虽然我们勿需相信这个数字，但任何合理的削减，都仍能证明我有关冲突不断发生的结论。

第五章 政治问题与冲突

太基人阻止了更进一步的定居,有些原住民也发现,他们自己有足够的力量抵抗(明显的是意大利南部的意大利人),所以可供利用的合适土地也绝非无限。

只有很少的希腊共同体有能力通过征服近邻寻求外向型解决,斯巴达是最突出的例子,但伴随着特别的后果。西西里和南意大利的僭主几乎是随意地屠杀和迁移人口;雅典在被没收的外国领土上建立"移民点"。我认为无可争议的是,公元前7世纪末对美塞尼亚(Messenia)的最终征服,其广大的农耕地在斯巴达人中的分配,是斯巴达在几乎三百年时间里免于冲突的基本因素。在雅典的帝国时期,可能有一万公民,即公民总人口的百分之八到百分之十,被安置在军事移民区,并从被征服人口拥有和耕作的土地上获得随意而不菲的"租金"。这种人口输出如此重要,以至于公元前4世纪相对弱小的雅典试图故技重演,且一度取得某些成功。大约数百个缺乏此种力量的希腊城邦,我们对它们的重要详情几乎一无所知。例如,我们不知道,通过即便零散却连续的移民到更加遥远的定居点或加入雇佣兵,稳定地输出无地人口,到底有多么重要。如我们已经指出的,我们也无法提供有关冲突的统计学式描述。但我们可以说,冲突是一种永恒的威胁,当它发生时,会作为政治或政体冲突出现在记载中;不仅在寡头制和民主制之间,而且在两个阵营的任意一个内部的帮派之间,都存在冲突。僭主政治的情况并不少见,以至于僭主也成为古典政治历史的一部分。①

---

① 林托特(1982)提供公元前750年至公元前330年之间冲突叙述的尝试,因为其将冲突限于公开的暴力(例如,造成梭伦采取行动的冲突仅被视为"濒临内战",第43页),对资料无批判的使用,以及从事此一项目资料的明显不足,不够成功。

罗马这方面的经历只需要极其简洁的陈述。从共和国初期到末期,并延续到帝国时代,债务的负担和土地的分配都是一直存在的问题。在初期的数百年中,围绕债务的斗争是关于债务奴役的,虽然其公开形式(以债务奴役[nexum]的习惯存在)为公元前326年的立法废止,但在整个罗马史上,更隐蔽的形式仍然存在。① 罗马也一直存在对利率的持续关注,偶尔会发生需要政府严肃干预的债务危机。② 有关土地所有权的斗争同样持久,也许还要更加持久。一方面,罗马人和"拉丁人"被安置在殖民地——用不同手段从被征服民族那里夺取的领土——的做法,自罗马最早时期开始,从来不曾停止;另一方面,在被征服领土上个人占有土地,引起了等级之间的冲突,因为上层阶级倾向于占有尽可能多的公有地。③ 关于这一活动的规模,下述估计能够提供某种概念:到公元前218年第二次布匿战争开始时,至少九千平方公里的土地被分配给殖民者或者个体定居者(大约十倍于公元前5世纪末罗马的全部领土),另有一万平方公里的土地被出卖或者出租。④

当然,我的兴趣不是罗马经济史本身,而是它造成或激化的政治冲突问题。布朗特估计,公元前200年之后的一代人,罗马曾经

---

① 关于债务奴役问题,见 Finley (1981) ch. 9;关于或许可称为准债务奴役的持续存在,见 Finley (1976b) 112—117.

② 关于其中的一场此类危机,见 M. W. Frederiksen, "Caesar, Cicero and the Problem of Debt", *Journal of Roman Studies* 56 (1966) 128—141.

③ 关于格拉古之前在公地问题上冲突的悠久历史,见 G. Tibiletti, "Il possesso dell' ager publicus e le norme de modo agrorum sino ai Gracchi", *Athenaeum*, n. S. 26 (1948) 173—235, 27 (1949) 2—41.

④ Harris (1979) 60. 有关罗马殖民的文献资料在 T. Frank, ed., *An Economic Survey of Ancient Rome*, I (Baltimore 1933)中有简明的阐述。

为罗马人和拉丁人创造了五万座小农场(对于同一代人,我们前面已经比较详尽地观察过),①而在随后的一代人里,即到提比略·格拉古的土地法之前,然后是与他被刺杀接近的那代人的时间里,殖民实际上停止了。这第二代是一个民众骚动日益增长的时代,尽管现存资料很少告诉我们。自公元前139年以来通过一系列的所谓投票法案(leges tabellariae)——它们将精英阶层非常不喜欢的秘密投票引入——显然"表明了对日益增加的显贵政府的不满"。② 西庇阿·埃米里亚努斯是一位支持激进改革的显贵,他因民众压力而当选执政官,违背了元老院的愿望,对此我们已经论及。甚至更早些时,发生了对征兵的反复抵抗。此前在征兵问题上遇到的麻烦,"似乎主要因为特定群体理由充分的不满造成"。这是在"撤离运动"之外发生的,而文献传统将前两次的撤离运动特别归之于债务奴役问题。③ 从公元前160年开始,下层阶级的全面抵抗日益广泛,至少对特定的战争如此。自格拉古兄弟以来,土地和军事上的人力问题不可分割地连接在一起,已经是太让人熟悉,勿需更多评论。我想说的是,罗马政治的性质和形态总是与战争、征服和土地分配捆绑在一起,"骚动"和"平静"时期之间的转换,既是特定政治行为的原因,也是它们的结果。

城邦世界公民中,从来无人反对过战争、征服和帝国,而且可以肯定的是,没有任何一个社会阶级会反对。④ 公民兵令人吃惊

---

① Brunt (1971a) 64.
② Brunt (1971a) 66. 关于秘密投票,首先请参考 Nicolet (1970)。
③ Harris (1979) 48.
④ 请见 R. Meiggs, *The Athenian Empire* (Oxford 1972), ch. 21; Harris(1979)ch. 1。

地如此愿意年复一年地被征召参加战斗,足以证明此点。当然,在策略问题上,如是否进行一场特定的战争或战斗?何时、根据什么条件签订和约?会存在分歧。就连斯巴达也不能幸免,如同公元前431年在决定是否与雅典进行战争时发生的分歧一样。这种策略上的辩论,就其性质来说,是一个共同体的政治和军事领袖的事情,甚至在决议取决于公民大会的地方,也是如此。修昔底德(6.24.3—4)可能对尼基阿斯未能阻止西西里远征感到愤怒,但他本人的记载是:最后的投票是一致的,至少是无人反对(nem. con),在此没有发现有利益冲突。如我们已经注意到的,在罗马,一般是元老院或者在战场上指挥的高级官员做出此类决定;把人民拒绝元老院决议的少数几个事例转换为一个阶级性反对的模式,乃方法论上的谬误。

要理清这种无休止地渴望战争和征服的动机,并非易事。对诸如爱国主义、军事荣耀、民族利益、国防之类心理的或战略的考虑,我们必须给予适当的分量。个人对战利品的追求,也须虑及。对大多数弱小的希腊城邦和意大利"部落"来说,并不能从战争中获得别的什么。但对雅典和罗马来说,则是另一种前景,帝国的物质收益对理解它们的政治是决定性的。在雅典,收益是多样化的,被征服的土地是其中一个重要部分。在罗马,土地和安置是支配性因素。我并不是暗示,那些出席会议的公民做出决定时,纯粹就是计算着他们随后会从被没收的敌人领土上获得多少英亩土地,但我确实认为,在讨论的问题事关战争或帝国时,雅典的移民点和罗马人称为"公有地"的东西从不曾远离公民们的意识。在对外事务中,这类兴趣在民众对政策分歧的反应中起到了关键作用;尽管

第五章 政治问题与冲突

表面上看,这种分歧不过是精英内部个人对荣耀和权力的争夺。

当伊索克拉底建议,全希腊在马其顿的腓力领导下入侵波斯,并强调这是开拓大片新领土用于定居的机会时,他知道他在做什么。罗马的统治阶级也知道连续不断的殖民计划的意图。在狭隘的自私利益制约着他们对公有地的判断时,政治冲突一再演变为比较极端意义上的"冲突"。在共和国的最后一百年中,同一模式一直持续,权力的竞争者们被迫在几乎不惜代价的情况下,为他们的老兵寻找土地,以维持他们在内战——那已经取代了传统政治——中的军事力量。"代价"包括在意大利以外地区安置了大量殖民者,此前它非常不受欢迎,因此尤利乌斯·恺撒之前,几乎无人尝试。[1]

有时候外部势力扭曲了形势,将所有考虑都缩减为生存了,例如马其顿的腓力的威胁,或者汉尼拔入侵意大利之时。可是,从长期来看,稳定的征服型国家的对外政策显然是一贯且合乎逻辑的,虽不时受国内政治麻烦感染,但不足以将它引向本质上是新的方向。在这个问题上,由于受到毫无道理的假设的影响,存在普遍的误解,这个假设是:"大约三百人的集会(罗马的元老院)不是一个计划复杂政策的理想工具,更不用说在一个相当时期有效且一贯地将之实施了。"[2]可以设想,这误解也为犹疑时期证明,例如雅典面对马其顿的腓力的崛起时,或者公元前2世纪最初几十年罗马与希腊以及东方君主开始进行重大战争时。这里的错误在于,它

---

[1] 请见 Brunt (1971b) ch. 12。

[2] Astin (1968) 15.

假设我们对政策制定者有充分的了解（不管他们是谁），对他们的行动的后果有绝对预见性，以及对清晰而准确的长期目标的远景也有充分了解。基于这些设想，则历史上的任何国家，不管它由专制君主统治，还是由三百人的集体统治，在一个相当时期内都没有一个一贯的政策。正是在罗马东方政策具有不确定性的最初几十年中，大约为定居者创造了五万个小农庄，我认为这很能说明问题，那是真正的连续性。

关于"美好的过去"的渲染，也助长了此类误解，历史学家们似乎并不比政治家和道德家们更有免疫力。如我们已经指出的，在稳定时期，政体机制在没有发生革命时，也一直在变化；还有政治活动与行为的变化：阶级关系的调整；决策过程中，让某些集团利益影响力增加或减少；或许还有政治参与程度的变化等。所有的政治社会都是如此，乃是常识。但为何变革总意味着变坏，一种衰退或曰"危机"的标志？对雅典而言，考虑到克里斯梯尼和厄菲阿尔特之间不过只有四十年，人们甚至不能确定"美好的过去"到底是指什么时候。对罗马来说，古人自己提供了一个时间段：从虚构的善良国王塞尔维乌斯的统治到传说中的耕地的辛辛那图斯时代。我们记得，柏拉图对所有此类论证曾有一个简洁回应：为反击那种将后来的"平民领袖"与美好过去的领袖进行对比的论调，他强调说，米尔提阿德斯和地米斯托克利一点都不更好，因为他们只是在讨好民众欲望上更为成功罢了，犹如点心师而非政治家（《高尔吉亚篇》，502E—519D）。但是柏拉图一直是个道德家，不是历史学家。

可是，严肃的政治从希腊城邦和罗马消失的日子终于来临，我

第五章 政治问题与冲突

们必须提出这样的问题:它为什么会发生?是如何发生的?对此没有统一答案。典型的希腊城邦过于弱小,无法无限期地对抗更大且更强的国家,古典时代是雅典、斯巴达或忒拜,后来又有马其顿、塞琉古王朝(The Seleucids)和阿塔罗斯王朝(the Attalids)的统治者,最后是罗马。如我已经指出的,臣服城市中的政治,没多大意思。少数值得考察的城邦,却因缺乏资料无法研究。我或许可以在我早先的名单上添上罗德斯,因为直到公元前2世纪中期,它一直保持完全的独立,文献中某些有趣的暗示表明,那里存在真正的政治生活。① 但我们对此一无所知,尽管我不由自主地想起,罗德斯是一个征服型国家,在相邻的岛屿与小亚细亚大陆上,保持着能提供重要收入的领土。② 公元前371年纽克特拉战败以及随之丧失美塞尼亚后,斯巴达的政治较以前的时期更令人难以捉摸。关于斯巴达人在纽克特拉战役后的战争,他们在远达南意大利充当雇佣兵的活动,与波斯的关系,在伯罗奔尼撒半岛内部的冲突,与阿凯亚同盟和埃托利亚同盟的关系等,人们写了不少著述,而且有充足的资料。但我发现,所有这些细节中,除了国王和其他几个"领袖"之间的争吵,以及灾难性人力减少的暗示(全权公民如今可以三位数计算了)之外,实际上都与斯巴达的内部事务无关。然后,可以说没有任何警示地,出现了阿吉斯和克列奥美涅斯,还有

---

① 最近的论述请见 J. L. O'Neil, "How Democratic Was Hellenistic Rhodes?" *Athenaeum*, n. s. 59(1981)468—473。

② 我们必须警醒的是,最近的出版物主要以希腊化时代的碑铭文献为基础,它们宣称要分析政府和政治,结果却不过是列举了某些官员的称号清单,关于政府机制的玄想,以及碰巧被记录下来的各类立法。

那比斯(Nabis)统治下的爆发,重要的是,这些国王实际是企图全部重分土地,可能还有输出革命。①

像通常一样,只有雅典的证据能说明问题,而且结论也确实相当简单。公元前323年亚历山大死后,雅典无望地卷入了继业者和潜在继业者之间的战争以及政治阴谋中,冲突成为常态。公元前322年,安提帕特(Antipater)强加给雅典一个寡头体制;公元前318年,卡桑德(Cassander)扶植法勒罗姆的底米特里乌斯为僭主;在底米特里乌斯被推翻后,公元前307年到公元前261年之间,政府七次易手。② 换句话说,在两代人时间里,雅典仍存在恢复古老的政治生活方式的显著且强烈的冲动,而且有足够的领袖愿意一试。古老的制度和方法一再复活,但发挥作用的是强权,雅典的马其顿驻军和游弋在周围及该地区的军队拥有最终的发言权。重要的是,即使在政治看起来非常"正常的"时候,各种集团也都一律为马其顿争权者确认,并与之建立联系。公元前261年以后,雅典进入了政治混乱的臣服城邦行列,成为强大的外部力量的牺牲品。

最后我们谈罗马。共和国的最后一百年充斥着传统政治的表现——选举狂热、帮派政治、法律和平民大会决议。可是,随着提比略·格拉古及其追随者公元前133年被屠杀,深刻的变化由此开始。我只需要列举人们最为熟悉的、随后的骚乱:公元前121年造成盖约·格拉古身亡的流血事件;公元前103年至公元前100

---

① 请见 B. Shimron, *Late Sparta* (Arethusa Monographs 3, 1972); P. Oliva, *Sparta and Her Social Problems* (Prague 1971), part III.

② 最充分的叙述仍然是 Ferguson (1911) ch. 1—4。但读者不应为弗格逊的标题误导,关于公元前2世纪雅典的一章,他用了"托利党民主下的雅典"。

年围绕着萨图尔尼努斯的暴力事件;从苏拉公元前88年进军罗马到他公元前79年以独裁官身份退位的时期;公元前63年的喀提林阴谋;公元前58年至公元前52年克洛狄乌斯(Clodius)与米洛(Milo)之间持续不断的帮派火并;"前三头"主宰的数十年;恺撒;安东尼(Antony)和未来的奥古斯都(Augustus)之间的内战。① 处于大屠杀、公敌宣告和入侵军队(甚至是罗马而非外国的军队)永恒威胁——一种日益经常地成为现实的威胁——下的政治冲突,已经不再是我们一直在讨论的政治了。

如果像以前一样,有人问我,公元前1世纪的"黑帮"和此前几百年上街的"暴民"之间有何区别,我的回答是:他们之间有一个根本性的本质上的区别,就是由受雇的职业歹徒组成的黑帮首次成为罗马政治舞台上一个永久性的因素。② 他们和他们的雇主有意愿,而且有能力雇佣武装力量——不管是"黑帮"还是军团,或者两者合———以强迫政府机关采取特定的决定。在提比略之后的第一代人中,这个做法还相当零散,此后它就成了常规,其含义在于:所有人都意识到了它的威胁,那些拥有权力的人越来越迅速地将这种威胁变成了现实。在此前的共和国时期,尽管可能难以划出明确的界限,但情况从未如此。我觉得难以理解的是,一个杰出的罗马史学者,在一部有影响的、名为《恺撒时代的党派斗争》的著作中,能把这个实际削减为这样苍白的一个句子:"将军们有时使用

---

① Lintott(1968) App. A 以"罗马的暴力行为"为题,按照年代列举,但过于古怪,没有用处。它包含保民官监禁执政官以阻止征兵的行动("事实上是形式化的暴力"),以及与喀提林阴谋相伴的某些具体刺杀活动,但没有包括恺撒渡过卢比孔河。

② Lintott(1968) 74.

他们的私兵威胁选民。"①宪法上的先例,是西塞罗唯一可以用来支持投票授予庞培或三头特殊权力的论点。但现代的历史学家如果不想玩弄此类辞藻,是有自由,实际上也有义务不这么做。事实上,有约束力的决议不是通过讨论和争论,最后以投票的方式来达成,甚至表面上常常都不是这样。

在一个重要方面,共和国最后一百年中发生的变化,是一个连续发展过程的最后阶段,而非与过去的突然中断。在其城邦的全部历史中,政治精英集团内部的斗争具有赢家通吃的性质,而希腊甚至较罗马更甚。人们寻求的不仅是在领导权上击败竞争者,而且是要消灭对手,且消灭既是比喻意义上的,有时也是真正的。陶片放逐法是一种温和形式的象征,政治审判是比较严厉形式的普遍表现,刺杀则是终极形态。可以肯定,傲慢的冷酷无情,是所有复杂社会中成功的权力持有者的特征,"我死之后,哪管它洪水滔天"(apres moi le delugu)的说法,仅仅是一种归谬法(reductio ad absurdum)。如果缺乏傲慢与无情的适当结合,任何人都无法企及最高权力。历史学家常拿阿尔基比阿德斯、提比略·格拉古或喀提林作为他们通常的替罪羊,但我发现,后者的心理与那些"英雄们"如伯里克利和两个加图的心理之间,没有本质的区别。

即使如此,关键问题仍在:在古代,为什么必须"消灭"政治对手,而不仅仅是他们的政治地位?在罗马共和国,为什么政治实践变成了持续的武装斗争,并终结了这个制度本身?在几句总结性的话中,我只能提出某些方向性的答案。我认为,这两个问题的核心,

---

① Taylor (1949) 69.

都在于民众对政府的直接参与(哪怕在罗马它非常有限)。这个因素是后来所有政治史中缺失的,只有几个例外。无论统治阶级多么封闭和团结,他们中间有政治野心的成员都被迫寻求公民大众的持续支持,并削弱对其对手的支持。在一个依赖面对面交流的城邦共同体中,无论它实际上是多么的虚幻,削弱对手的最有效方式,就是通过道德上的诽谤、财政上的制裁。当然,最好的方式是通过流放或死刑将其人身从共同体中清除,来打败对手。由于政体和政府机制之故,斗争是高度个人化的。权力不是依赖于或者产生于官职或任何其他正式的基础,在政制上表达权力的场所是大的群体,是议事会或公民大会,它们经常举行,而且在做出决策的权利上,少有限制。因此,领袖的生活中存在持续的紧张。通过家族同盟以及所有可能形式的庇护以建立个人网络,也因此成为必需。亲密的副手和代理人,承担着与他们的恩主一样的风险,事实上常是第一批牺牲者。在内战取代政治以前,除失望外,大众支持者少有风险。

可以肯定,古人不曾做出必要的政体调整,以允许政治党派产生,但那不是崩溃的"原因"。没有任何政体曾经防止过内战和解体,因此问题仍然存在:对于共和制显而易见的垮台,为什么罗马公民的各部分几乎没有抵抗?我所以强调"几乎没有抵抗",是因为西塞罗作品的庞大主体仅仅制造了一种精英内部进行有效(与思想上的抵抗不同)抵抗的幻象。① 若干年前塞姆曾评论说,士兵

---

① 有人提出了一个有趣的说法,称西塞罗的死敌克洛狄乌斯领导的是一场真正且完全独特的城市贫民和无产者的运动,见 W. Nippel,"Die plebs urbana und die Rolle der Gewalt in der späten römischen Republik", in *Vom Elend der Handarbeit*, ed. H. Mommsen & W. Schulze (Stuttgart 1981), pp. 70—92。

们"如今是从意大利较贫穷的阶级中征募,不再对国家有忠诚感。军役是为了谋生,或者被迫如此,不是公民义务中一个自然而正常的部分了"。① 当城市贫民安于面包和竞技表演,一面从贿赂中拿到现金,一面为暴行取得报酬之时,士兵仍从农民中征召。当然,多数人在农庄上、店铺中和打零工中尽最大努力支撑,如同他们在之前的时代一样。

换句话说,人们对待国家的态度发生了广泛而且根本性的变化。大多数史学家羞于对此类变化提出心理学的解释,部分源自他们可以理解的、对其职业中需要警醒的道德化表述的畏惧,部分源自对社会心理学的无知或不信任,但大部分是因为顽固的专业传统。然而无可置疑的事实是:数百年来,罗马国家一直是古代世界独一无二的剥削工具,其力量、残忍程度、规模和范围无与伦比。如所有历史学家注意到的,维持如此"过时的"城邦结构,绝不仅仅是技术上的缺陷,因为元首制也没有官僚体系,在很长时间里,同样以罗马为中心。在我看来,更重要的是控制和剥削获得的主要好处为一个小圈子把持。考虑到罗马的政治制度,连续的征服增加了赌注,而且强化了精英集团个别成员追求傲慢权力的动力,最后达到如此程度,以至于他们愿意向罗马进军(无论他们想象他们自己具有什么样的动机)。可以设想,只有帝国权力的丧失能够遏

---

① Syme (1939) 15. 公元前 89 年以后,军队中"罗马人"的多数也许是因同盟战争已经集体获得公民权的意大利人了。我无法估价这一现象对军队官兵心理影响的相对重要性。毕竟意大利"同盟者"被征入罗马军队可能已经两百多年了,并且是按照一到两个意大利人比一个罗马人的不同比例(在战斗中表现良好),请见 Brunt (1971b) 677—686; V. Ilari, *Gli Italici nelle strutture militari romane* (Milan 1974)。

制这个过程,但实际上,它在内战中一直增长。苏拉仍能够从其对国内事务的关注中挤出时间打败米特拉达梯(Mithridates),恺撒则能挤出时间征服高卢。

公民大众共享这种剥削者的意识形态,也就是说,他们也相信征服者对战利品的权利,而且在不同且逐渐减少的层次上,分得一杯羹。可是,到公元前2世纪中期,征服代价日益高昂,而且与获益太不成比例。军事需索越来越成为负担。从公元前3世纪末起,在征兵时征调那些缺乏传统财产资格的人日益成为必需的。[①] 殖民实际上停止了,当格拉古兄弟企图重分公有地的尝试失败后,对于比较贫穷者来说,征服就不再是马克斯·韦伯(Max Weber)所说的"目的理性"了。但是经济的需求仍然存在,剥削者心理也存在,而且为大规模的奴隶制引入意大利(在本书中我被迫放弃这个主题)得到强化。因此,由于对等级制度传统合法性缺乏严重的挑战,成千上万的罗马人和意大利人转向个人,以从他们那里得到国家无力提供的东西。这里重复一下塞姆的话,人们"不再对国家有忠诚感了";或者用韦伯的话说,征服和国家本身也不再具有"价值理性"了。罗马的军队之愿意攻击其他罗马军队,并攻击罗马本身,犹如攻击米特拉达梯的军队一样。对人民来说,政治不再是有用的工具,最终的出路,不仅是民众参与的终结,也是政治本身的终结。

---

① 请见 E. Gabba, *Republican Rome, the Army and the Allies*, trans. P. J. Cuff (Oxford 1976), ch. 1—2。

第六章　意识形态

公元前415年，雅典倾力发动了对西西里的入侵，企图以勇敢而富有想象的努力，成功结束十五年前开始的对斯巴达的战争。登陆西西里后不久，阿尔基比阿德斯——入侵计划的推动者和负责指挥的三将军之——被召回国内以接受审判，罪名是企图推翻民主政治。他并未回国，而是流亡了，并被缺席宣判死刑，而且很快溜到了斯巴达。在那里，他公开参与了有关战争战略的讨论，并用这些话给自己的叛变行为开脱（据修昔底德，6.92.4）：

> 至于热爱城邦，我所爱的并非那个现在冤枉我的城邦，而是那个我可以在其中安全行使公民权利的城邦。我并不认为我在进攻我的国家，相反，我试图重夺那个已经不再是我的那个国家。真正爱国的人不是那个当他不公正地被放逐的时候还不攻击它的人，而是那个不顾一切，努力想恢复它的人。

这是一种蹩脚而自私的叛徒逻辑？无论何时，只要一个政治家或记者希望展示一下他在叛国问题上的一点学问，阿尔基比阿德斯肯定是第一个被提到的名字,历史学家们通常也满足于立刻对之嗤之以鼻。可是,一旦我们摆脱"叛国"一词的情感因素,应当很清楚的是,阿尔基比阿德斯的自辩(无论我们认为它是强是弱)用一种极端的方式,提出了两个核心但相互联系的问题:是什么赋予了一个政权合法性?政治义务的性质、界限和根据是什么?更具体地说,一个公民,除惩罚的威胁外,为什么认为参战、缴税和接受渎神罪审判的命令对他具有约束力?这都是些难题,召唤诸如爱国主义之类的东西不足以回答,因为那不过是有关对共同体义务提供依据的一个特定概念。雅典人自己似乎就不曾认为阿尔基比阿德斯的事情那么简单,因为四年后他被召回负责战争事务,那些反对这一动议的人未能在他的叛国问题上做多大文章。而且在今天,我们赐予苏联的持不同政见者和伊朗什叶派领袖阿亚图拉(Ayatollah)政权下的流亡者以避难权,与那些流亡中的政府交往,甚至从财政上资助它们;我们也承认良心上有反对军役的权利,并探讨公民不服从可能具有的理论基础。① 政治义务并非全无限制,它是由政权的性质决定的,受到它可以"合法"行使权力的领域的制约。

　　无可争辩的事实是,稳定的希腊城邦和共和国时代的罗马,长时间地维持了广泛的政治忠诚,但那是无谓的重复。同样鲜明的事实是,众多希腊城邦无力获得持续的忠诚,从一场冲突走向了另一场冲突。这个事实,连同我们在希腊世界看到的政府安排的多

---

① 如 B. Zwiebach, *Civility and Disobedience* (Cambridge 1975); Peter Singer, *Democracy and Obedience* (Oxford 1973)。

样性,激发了历史上第一次有意识的政治分析和反思的努力。只要我们浏览一下公元前5世纪中期的雅典戏剧、希罗多德和修昔底德的历史、错误地归在色诺芬名下的小册子雅典"政制",以及智者的残篇与引语,都能看到这一点。在数百个分散的希腊共同体中,现有的非常可怜的资料,让我们无法确定参与这种讨论的广泛程度,但在雅典无可置疑。在那里,讨论是持续的、热烈的且**公开**的。然而,具有象征意义的是:没有一个重要的智者是雅典人,因为他们发端并活跃于希腊世界各地(虽然他们全都在雅典逗留过一段时间),在他们自己的祖国,他们都受到尊敬,并且在那里发挥过相当的作用。自那时以来涂抹在他们身上的色彩,还有"智者"这个词本身,是柏拉图应为之负责的历史虚像,阿里斯托芬对此虚像也小有补益。①

政治反思并不需要系统分析,也很少如此。在政治学的王国里,只有柏拉图和亚里士多德(或许还有个过渡性人物、智者普罗泰戈拉[Protagoras])可以被视为系统的思想家。他们是古代第一批真正的政治理论家,也是最后一批;是第一批依据系统的形而上学、认识论、心理学和伦理学,尝试对社会的理想组织做出全面

---

① 请见 George Grote, *A History or Greece* Ⅵ (rev. ed., London 1862), pp. 51—98 对柏拉图做出的精彩回应。关于智者派最为充分的、文献极其丰富的叙述,是 M. Untersteiner, *The sophists*, trans, Kathleen Freeman (London1957); W. Nestle, *Vom Mythos zum Logos*(2ed. Stuttgart 1942), ch. 9(几近两百页,对古代后期的资料批判性不够)。

而连贯论述的人。① 两人都失败了,而且都承认了失败,柏拉图是通过写《法律篇》的方式,②亚里士多德是通过他留下的文稿的方式——三百多年后,这些文稿以《政治学》之名出版。它缺乏组织,枝蔓横生,不完整,时有不合逻辑和不一致。③ 在进行这一尝试时,柏拉图和亚里士多德都是在哲学的抽象性、完善性和概括性层面上进行思考并写作,这不仅超出了他们的同胞的能力,而且也不适于目前的讨论。他们没有,也不可能告诉我们:一般来说,对希腊人而言,什么是合法性、政治义务和合宜的政治行为。他们只能告诉我们,为什么人们认为希腊人一贯而且不可避免地误解了他们的所作所为,以及他们为什么要如此作为。

这并不是同意两个迄今仍为人们坚持的观念。一种是:历史

---

① "没有一个导师会从一个学生那里接受柏拉图为下述相当重要的原则提供的理由:灵魂划分为三个部分;如果灵魂有三个部分,则理想的社会应是三个阶级构成的国家;无论什么事物存在,其存在都是为了完成一种、而且是唯一的职能;理性就是这类职能中的一种;一个阶级,而且是唯一的阶级应被授予此种职能;一个阶级的成员资格一般来说应根据血统确定;经验科学永远不可能是'真正的'科学;理念是存在的;只有关于理念的科学才是'真正的'科学;只有那些拥有这种知识的人,才可能拥有良好的政治判断;除非统治者接受柏拉图所描述的高等教育,否则政治制度必然堕落;'正义'在于做好自己的本职工作;以及诸如此类。可是,如果这些假设中的任何一个令人生疑,则'理想国'所有的正面建议全都崩溃。"见吉尔伯特·瑞勒(Gilbert Ryle)对 Karl Popper, *The Open Society and Its Enemies* 的评论,载 *Mind* 56(1947)167—172,引自第169—170页;重印于 *Plato*, *Popper and Politics*, ed. R. Bambrough (Cambridge and New York, 1967), pp. 85—90。

② "任何认真阅读《法律篇》的读者都不能有理由怀疑,柏拉图毫不迟疑地将那些建议写入《法律篇》,这些建议与我刚刚阐述的信条是相矛盾的……用来作为其正义的原规范理论必需的支撑……尽管他不曾讨论之前的理论,也不曾以任何方式间接提及,但我们可以确定,他已经抛弃了它。"见 Vlastos(1977)35—37。

③ 关于亚里士多德著作复杂的发表过程的介绍,请见 I. During, *Aristoteles* (Heidelberg 1966), pp. 32—52。

学家、小册子作家,尤其是剧作家(以及他们的听众),根本不应作为思想家得到研究;另一种是:在他们与一小部分"理性的"理论家和哲学家之间,根本不存在任何形式的关联。① 如麦金太尔(MacIntyre)鲜明的话语所说:

> 雅典人并不像我们,通过一系列的制度设计,将追求政治目的与戏剧表现区别开来,也未将提出哲学性问题与前两者区分开来,因此,他们并不缺乏我们所缺乏的**任何**公共的、普遍共享的共同模式,以表现政治冲突或者把政治交给哲学拷问。②

我们能够想象,索福克勒斯(Sophocles)的《安提戈涅》约公元前442年上演之时,在场的一万名,抑或是一万二千名或一万四千名观众中,只有几个哲学家理解该剧提出了合法性和政治义务问题吗?抑或在阿里斯托芬的《阿卡奈人》演出过程中——它上演于对斯巴达的战争已经进行到第六个年头之时,观众们一直忙于大笑,以至于谁也没有注意到,那只是一个雅典老农与斯巴达私下签订的和约吗?或者说谁也没有注意到狄凯奥波利斯(Dikaiopolis)

---

① 作为对此的纠偏,请见 A. W. H. Adkins, "Problems in Greek Popular Morality", *Classical Philology* 73 (1978) 143—158 的评论文章。

② MacIntyre (1981) 129—130. 可是,这种公开的讨论并未使对民主的**政治理论**的阐述超过普罗泰戈拉的水平。宣称必定有一种理论,或者该理论的缺乏令人严重迷惑;亦如 A. H. M. 琼斯在其《雅典民主》(Oxford 1957)第三章中所为,认为可能重建民主政治理论的观点,都是错误的(N. Loraux, *L'invention d'Athènes* [Paris 1981], pp. 176—185 就是如此)。

这个名字，其意思是公正的（或者说正义的）城邦吗？抑或从欧里彼得斯笔下美狄亚（Medea）的独白中，只有现代的学者们听出其是对苏格拉底的信条——无人有意为恶——的回答吗？在杀死她的孩子们之前，美狄亚自言自语道（第 1078—1080 行）："我知道我要做的事情是多么邪恶；但是愤怒（*thymos*），这人类罪行的最大根源，已经战胜了我的决心。"（那时愤怒是她非理性的自我）

并非所有雅典人都持有同样的看法，也不是所有希腊人都与雅典人有同一看法，但史料决定性地表明：他们几乎全部接受下述假设，也许可以说是箴言，即良好的生活只有在城邦中才有可能；一个善人与一个好公民大体是同义词；奴隶、妇女和蛮族天然低劣，因此被排除在所有讨论之外；所以正确的政治判断，即特定城邦中，对制度和相互冲突的政策的选择，应当根据有助于提升良好生活的原则来决定。主要的差异在于实际的判断，而非假设的前提。柏拉图和亚里士多德都赞成这些前提。[①] 值得强调的是，他们不曾付出严肃的努力，去证明这些前提，而是将它们置于人性和人类生活的总体框架中，它在逻辑上迫使二人挑战通行的政治判断。就柏拉图来说，是将**所有**这些判断都视为虚假予以否定。人们公认，亚里士多德提出了一种更加多样化的路径，他的"经验主义"和强烈的社会学倾向，总是将他从理想的（用弗拉斯托[Vlastos]的话说，是"原规范性的"[②]）考虑拉向对通行做法与信仰的规范性判断。例如，他无法抗拒诱惑，甚至企图告诉僭主和寡头

---

① 有关该问题优异且简洁的阐述，见 MacIntyre (1981) ch. 11: "The Virtues at Athens"。

② Vlastos (1977) 11.

们如何更成功地处理他们的事务。因此,似乎不是作为哲学家的亚里士多德,而是作为社会学家的亚里士多德,就现存的希腊人的政治观念提出了精彩的洞见。在我们于第一章讨论的他对阶级的强调上,也是如此。可是,作为社会学家和哲学家的亚里士多德并非两个避免相互交流的不同的人。① 就我们直接关心的领域而言,这样虚假的分类所产生的后果,是从亚里士多德的著述中寻章摘句地讨论政治现实,或者是把程序颠倒,其结果是在缺乏外部控制时,我们在太多的问题上陷入了循环论证。②

到目前为止,我仅仅讨论了希腊人,理由也简单,就政治反思和讨论而言,希腊人和罗马人的区别已经达到极限。人们完全可以重复我之前引用过的麦金太尔的话,只要把其中的"我们"替换为"罗马人",仍是完全准确,因为他们缺乏任何公共的、全体共享的模式,以表示政治冲突,或者把他们的政治变成哲学性的问题。③ 我们列举的公元前 5 世纪雅典表达政治反思的手段,没有一个存在于罗马社会。值得注意的是,罗马的戏剧家是地位低下

---

① 有关亚里士多德的逻辑学和形而上学中出现的这类错误,经典的揭示见 G. E. L. Owen, "The Platonism of Aristotle", *Proceedings of the British Academy* 50 (1965) 125—150, 重印于 *Articles on Aristotle*, ed. J. Barnes et al., I (London 1975), pp. 14—34。

② Nippel (1980)整个第一部都可以视为对这种观点的证明。同样需要抛弃的,还有从柏拉图和亚里士多德的所谓学生们与僭主臭名昭著的关系——最为著名者为法勒罗姆的底米特里乌斯,关于此人,现请见 Gehrke (1978)——中进行论证的努力;当然还有从下述寓言中做出的论证:柏拉图曾试图通过迷醉的僭主狄奥尼修斯二世 (Dionysius II) 和冒险家迪翁 (Dion), 希望在叙拉古实现其理想国家,关于这个问题,见 Finley (1979) ch. 7。

③ 随后的论述请见 Meyer (1961) 251—254 的精当概括。

的人,他们很少敢于嘲弄重要的公众人物,从不曾讨论政治制度或政治义务等根本问题。[1] 有关政治的思考,我们要等到晚至波利比乌斯的时代,而且具有决定性意义的,是他乃公元前 2 世纪中期一个为希腊人写作的希腊人。在《通史》的开头,他就宣布了自己的主题:"在何种'政体'之下",罗马人"如何"能够在半个世纪的时间里,臣服大多数有人类居住的地区?这是个希腊式问题,不是罗马式的。波利比乌斯是从希腊人政体的历史和理论中寻求答案,而那里实际上没有适合于罗马的答案。因此,波利比乌斯依赖"混合政体",可那在现实中从未存在过。在第六卷的寥寥数页中,他提供了一个假理论加上部分无法协调观念的混合物,而那是当这位阿凯亚同盟统治阶级的后代接受教育时,从希腊化时代的修辞学校习来的。它的关键在于波利比乌斯让罗马(它也没有混合政体)削足适履,却无法提供罗马政体结构的准确画面。他那虚假且浅薄的玄想式分析"使他在极大程度上对政治生活的精细构造视而不见,在那整个时期,正是它确保了贵族的统治"。[2]

波利比乌斯"哲学化的"观点在当时的罗马人中没有任何影响,甚至没有反响。一个有生命力的虚构称,以西庇阿·埃米里亚努斯为中心的知识分子"圈子",在哲学家罗德斯的帕奈提奥斯(Panatius of Rhodes)的直接影响下,企图将斯多葛派的人道与自

---

[1] 请见 H. D. Jocelyn, "The Poet Cn. Naevius, P. Cornelius Scipio and Q. Caecilius Metellus", *Antichthon* 3 (1969) 32—47。

[2] F. W. Walbank, *Polybius* (Berkeley 1972), p.155. 这个判断之值得注意,是因为沃尔班克对波利比乌斯作为思想家的地位评价比我要高。最新的对波利比乌斯混合政治理论最优秀的评价,请见 Nippel (1980) 142—153。

然法观念灌输给贵族,但有人已经不可辩驳地证明,这个"圈子"是西塞罗的发明。① 当西塞罗于公元前54年到公元前51年写作《论共和国》时,让罗马城邦走向终结的长期失败过程已经到达其最后的十年。西塞罗将"对话"定在公元前129年,意在昭示他对共和国当时状况的悲观估价。他之选择著名的将军西庇阿·埃米里亚努斯及相当无足轻重的同伴莱利乌斯(Laelius)为对话的主角,目的是表达他在自己的著作中不止一次申述的观点,即一个有经验的罗马政治家所说的,"要比希腊人写的所有作品都更富有成效"(1.23.37)。与波利比乌斯的不同的是,西塞罗阅读过的哲学家的著作,包括柏拉图在内,不过如此。他声称,自己的《论共和国》及其姊妹篇《论法律》都以柏拉图为样板。像蒙森一样,我发现《论共和国》的核心思想,"既不哲学,也不历史",②而且我也没有为无休无止的、赞美性的注疏所说服。③ 两书都充满了对罗马政治制度及其"精神"的有价值的解说,尤其是对平民完全受到遏制的方式的阐述(这一特征完全为波利比乌斯忽视)。至于"原规范的"分析,则痕迹全无,那里只有花言巧语,我把斯多葛派的"自

---

① H. Strasburger,"Der'Scipionekreis'",*Hermes* 94 (1966) 60—72,重印于Strasburger (1982) II 946—958。有关罗马对希腊哲学的冷静分析,更全面的论述见H. D. Jocelyn,"The Ruling Class of the Roman Republic and Greek Philosophers",*Bulletin of the John Rylands Library* 59 (1977) 323—366。

② T. Mommsen,*The History of Rome*,W. P. Dickson 英译本(London 1908),第五卷,第508页(标准德语版本第三卷,第622页)。

③ 西塞罗继续引出此类梦呓的极端例子,我提出仍然经常征引的著作 V. Pöschl,*Römischer Staat und griechisches Staatsdenken bei Cicero* (Berlin 1936),它的结论(第173页)是:《论共和国》"将罗马帝国以及柏拉图的哲学融为一体,前者或许是世界上最伟大的一个创造,后者是古代最为轻巧的精神产品"。

第六章 意识形态

然法"和"自然理性"观念也包括其中。自基督教教父到我们今天,这些观念在西方的著述中一直占有重要地位。无论对斯多葛派来说,这些术语有什么真正的哲学含义,西塞罗都把它们变成纯粹的花言巧语了,只是些"在任何特定时期赞同(人们)希望贩卖的随便什么观念"的术语。① 就西塞罗来说,那是美好过去的罗马政体。

无论人们如何估价西塞罗,最终的首要事实仍然是,罗马人要等到他以及较他年轻的当代人——历史学家撒路斯特——提供希腊人自公元前5世纪以来一直非常熟悉的那类政治思考。即使我们承认可能有更早的例证——例如加图或提比略·格拉古的演说——失传了,但两个社会之间的根本性差别仍然存在。② 这种情况需要一定的解释,而且我们马上就注意到,在罗马缺乏我们已经注意到的、开启了希腊人政治思考的两种刺激因素。罗马人不曾面临政治安排的巨大多样性,而那正是古典时代希腊世界的特征。意大利内部可能存在多样性,但罗马人唯一关心邻邦之处(在意大利内外都一样),就在于征服它们。他们以老谋深算的残暴,还有相伴的鄙视,完成了这项任务。③ 因此没有任何东西需要分析或解释。其次,罗马共和国早期历史上严重的冲突,是因平民要

---

① G. Watson,"The Natural Law and Stoicism", in *Problems in Stoicism*, ed. A. A. Long (London 1971), pp.216—238,引文见第235页。

② 就加图而论,我们有足够的理由接受普鲁塔克的结论(Cato 23.1):一般来说,加图敌视哲学以及哲学家,尤其敌视苏格拉底,因为后者试图成为"他的祖国的暴君,翻转其风俗,将公民的意见引向与法律相反的方向"。因此,加图极其不可能成为例外。请见 Astin (1978) ch. 8, 10。

③ 请见 Harris (1979) 50—53。

求贵族让步引起的,不是在不同政府形式问题上的冲突。因此,罗马人并无"政体轮回"的经历,甚至没有在民主政治和寡头政治之间做过选择,也无僭主的威胁(除他们已经推翻的埃特鲁里亚国王外),因此,主导希腊政治写作的两个主题,都不曾在罗马作家中出现。

另有一个区别值得考虑。此前我们强调了公民—士兵的联系以及城邦之间战争的"常态性",无论是希腊,还是罗马,都是如此。可是,两者间的一些区别赋予罗马人,特别是他们的心理,以一种特质,至少是有那么点不同,将他们与希腊人区分开来(与雅典人的区别最为显著,与斯巴达人的区别最不明显)。首先,是罗马人战斗的经常性、规模、持久和地理范围,都大大超出了希腊人。从罗马无情地臣服邻邦开始,到其征服意大利乃至有人类居住的世界,这种差别不断扩大。其次,罗马的公民兵完全被融入社会的等级结构之中,而雅典不是。我们只要回忆一下:军队的统率权自动属于执政官(必要时是他们的代理人)的职责,因此"执政官"和"将军"是同义词,希腊则不是如此。此外,执政官—将军拥有治权,一种有着神圣意味的权力,由于缺乏合适的希腊语汇,波利比乌斯无法表达这个概念。① 最后,治权仅仅是战争在罗马国家宗教中——包括正式的仪式体系——核心地位的一种表达方式。② 当然,希腊人开始战争和进行战争过程中,也会乞灵于众神,战后会感恩,但希腊人的宗教历法缺少罗马历法中的一系列的军事节日,而在罗马大祭司

---

① 请见前文第三章最后数页。
② H. Le Bonniec, "Aspects religieux de la guerre à Rome", *in Problèmes de la guerre à Rome*, ed. J.-P. Brisson (Paris and the Hague 1969), pp. 101—115.

第六章 意识形态

的日历中，它们填满了整个战争季节。与十分强势且一直受到崇拜的马尔斯(Mars)比较，希腊人的战神阿瑞斯(Ares)几乎无人礼拜。[1]在希腊人中，也无一个可以与神圣誓言(*sacramentum*)并提的东西，那是每个罗马士兵和军官在每次被征召服役时，必须向将军所发的特别神圣的忠诚誓言，一旦将军发生变动，誓言就需要重复一次。[2]

所有这些都让我相信，在普通罗马公民的心理中，对权威的服从是如此根深蒂固，以至于它一直被带到了公开的政治行为中。如同斯巴达人一样，这强化了对其制度的接受，且达到如此程度，以至于那里不存在真正意义上的政治讨论（与那种直接影响阶级利益的具体政策上的分歧有别）。例如，我觉得难以想象雅典的或众多其他希腊城邦的公民，会允许元老院在没有遇到任何严肃挑战的情况下，颁布"元老院最后决议"。可以肯定的是，对其合法性，罗马绝无根本性的挑战。

于是我们完全置身于意识形态领域，而非政治学说和哲学领域（本章因此得名）。准确地说，是少数真正的理论家通常抛弃的信仰与态度领域。我们也置身于不断变化的领域，一个多样和不精确的领域。在希腊人与罗马人的政治意识形态中，存在着本质性的区别。在两者之中，都有古风时代和发达的"古典时代"的区

---

[1] Pritchett (1971-9) Ⅲ 154—163.
[2] 任何假设的与雅典"成年宣誓"之间的类比本质上都是错误的。那是一个年轻人达到服役年龄时，一生中唯一的一次，是一个忠于共同体的一般化的誓言，而非忠于某一具体将军的誓言。在 C. Pélékidis, *Histoire de l'éphébie attique* (Paris 1962), pp. 110—113 有该誓词的文本、译文和注疏。

别;在希腊人中,有雅典与斯巴达、寡头制与民主制、民众参与程度多少的国家之间的差异。由于少数词语与短语是在修辞性地使用,意义有细微差别,有时意义不同,甚至相反,让我们的分析进一步复杂化了。例如,优良法制(*eunomia*)是希腊人意识形态辩论中一个受到青睐的词语,其词根意思是"优良秩序"、"和谐",后来成了贵族政治的标准口号,而民主派的代言人又拒绝让其为对手们专用。① 在任何一个确定的段落中,有时它的意思是明确的,但也常有这样的情况:只有仔细考察演说者的态度和取向及其具体的语境,才能发现它的含义。我们翻译为"祖宗习俗"、"自由"、"共和国"(*res publica*)等拉丁语和希腊语词语,以及所有的政治语汇,也都是如此。

尽管如此,在几个一般概括上,希腊与罗马仍大体一致(除已经论及的有关城邦与良好生活的前提之外)。第一个实际是一个否定性的:都勿需纠缠合法性问题,而在当今,这是"我们对现代社会作为**政治文化**一个主要维度之性质和价值关心的核心"。② 这个问题为什么会在中世纪走上前台,并且自那时以来就一直重要,却居然在古典古代没有出现,其实根本就不明确,而且我也提不出什么解释。有人认为,它在中世纪的出现,是"因古代世界的直接

---

① 这些术语意义上的差别在 Grossmann (1950) ch. 2 中有详尽的考察。

② Merquior (1980) 1. 这里我只考虑一个特定政治制度统治权力意义上的合法性问题,而非一个特定王朝或者对外关系中的一个国家的合法性。也许我还应补充说,"合法性"与"合法"并非同义词,尽管在词源上,两个术语有联系,而且可能重叠。它们太经常地被混淆了,请见会议文集 *L'idée de légitimité* (Annales de philosophie politique 7, Paris 1967)。

第六章 意识形态

统治崩溃触发",并不能让人信服,[1]克里斯梯尼对雅典政府的改造,寡头政治的持续存在,希腊城邦对希腊化君主、后来是罗马领主权的接受,罗马元老院和高级长官绝对优势的权力,以及奥古斯都君主制的创立,为什么没有触发类似的有关统治权的讨论?并不是说缺乏足够的讨论,但我们不可能严肃地坚持认为,诸如奥古斯都宣称对共和国的恢复,或者提出皇帝的权威是基于"元老院和人民"的授予的零星法学陈述,[2]与自奥卡的威廉(William of Occam)起,经博丹(Bodin)、霍布斯(Hobbes)、洛克(Locke)、卢梭(Rousseau),到诸如罗尔斯(Rawls)的信条谱系的论述,能够处在同一个水平上。

从相对较早时期以来,人们一直在讨论的是正义的性质。一个恰当的国家是正义的工具,因此,国家是用好还是坏、较好还是较差来衡量的,不是(除相当随意地论及僭主政治外)用合法或者不合法来衡量的。在抽象的层次上,显著的是在智者那里,人们在必然("自然的")因素($physis$)和偶然因素($nomos$)之间划界,对于国家机器中哪种应占优势,则存在分歧。可是,甚至那些形成了一种萌芽状态契约论的智者们——他们认为法律是弱者为遏制强者的"自然"权力达成协议的结果——也没有提出统治权力即合法性的概念,或者这种政府优于那种政府的理由。亚里士多德没有,而

---

[1] Merquior (1980) 2,他的观点追随了166页注[2]引用的文集中R.博林(R. Polin)的看法。博林未经论证就提出了他的观点(第17—18页),而且根据我的判断,他的看法在随后的几页中受到了削弱。

[2] 请见 P. A. Brunt, "Lex de imperio Vespasiani", *Journal of Roman Studies* 67 (1977) 95—116 的详尽讨论。

柏拉图当然证明过，所有现存制度都必然是不具合法性的。在我们讨论的历史背景中，宗教无所不在。但如我们此前指出的，它对具体的合法性并无任何特殊贡献。正义来自诸神，他们赋予人类以理性，以及在道德上，因此也是在政治上让人类能够区别对待的潜能。但无论是希腊还是罗马的宗教，都无实证的信条或者教会机制，让其能够认可某个特定的（或合法的）统治者、制度和体制，或是为其提供合法性。立法家、修辞学家和意识形态学家全都以正义的名义发言，但我发现没有一个人提到某种具体措施、制度、改革和革命得到神明认可。在基督教胜利之前的希腊—罗马世界，没有神圣的权利，没有神权政体。哪怕是真正受到崇拜的托勒密王朝诸王，或者是异教的罗马皇帝——其崇拜不是那么简单和直接，但仍是一种崇拜——也不曾发布可以视为神圣戒律的敕令。

在更晚近的时代，甚至那些宣称其王权来自神授的国王们，也都同样强调其王朝世系的悠久程度（只要有点基础，也不管它是多么薄弱）。在面临敌对统治者的要求或者革命威胁时，"由时间圣化的"合法性，较之由上帝圣化的合法性，乃是一种更为强大的意识形态。① 如同在整个历史上一样，在古代，诉诸过去常是保守派反对变革或开倒车的一个论点，后者如公元前411年的雅典。② 可是，如同在优良法制问题上一样，政治对手不可能将如此有力的一件

---

① 请见166页注②引用的会议论文中P. Bastid, p. 5。
② 请见Finley (1975) ch. 2。

第六章 意识形态

思想武器留给"贵族",只要提到德谟斯梯尼的例子就足够了。①任何一方都不会关注历史的准确性,他们寻找的是"有用的"过去,哪怕是需要虚构这样的过去。值得注意的是,如此众多的最为伟大的地方英雄们,例如斯巴达的莱库古,雅典的提修斯和罗马的罗慕路斯,都纯粹是传说中的人物。对一个体制抑或是特定风俗、制度和做法的悠久历史不断进行强调,到底具有多大吸引力,我们缺乏直接的证据,但后来的时代,一直到我们自己的时代,所提供的论据就不仅仅是充足了。它们表明,心理影响是一个强有力的因素。时间的连续有助于圣化"民族的"认同,因此产生了对制度的认同,还有一种共同的参与感以及对制度合法性的信仰。

当然,对合法性信仰的有效性,不能只靠时代的久远来保证,不论这个久远是真实的还是虚构的。在《论共和国》中,为保持这种联系的鲜活,西塞罗做出了近乎绝望的努力,却仍归于无效,因为那种制度已经不再是"目的理性"(我此前已经使用的韦伯的话语)了。在古代城邦中和在我们当今的世界中一样,在普通公民群体中,流行的是"一种广义上的功利性共识:即应对(而且只应对)那些政治形式——认可它们对长远的集体利益有益——负有义务"。②对希腊城邦来说,频繁的冲突立即提示出要维持这样的共识是多么困难。何以如此?我能提供的唯一答案,而且是我不断重复的一个:在古代城邦的条件下,只有征服才可能让政治稳定,

---

① 请见 F. Jost, *Das Beispiel und Vorbild der Vorfahre*... (Paderborn 1935; repr. New York 1979), ch. 5 汇集的德谟斯梯尼演说的材料。更概括性的论述请见 L. Pearson, "Historical Allusions in the Attic Orators", *Classical Philology* 36 (1941) 209—229。

② Dunn (1980) 202.

因此就有了功利性的共识。罗马是一个典型的例子。自古风时代的"等级斗争"结束后,到从格拉古兄弟开始的共和国末期,那里没有严重的冲突。在整个冲突的历史上,合法性并未被暴动者用来证明自己做法的合理性,也不曾用概括性的话语阐述其起义或不服从的权利。阿尔基比阿德斯对自己行为的辩护,即使不是唯一的例外,也是少见的例子。冲突,无论它是用关于正义的雄辩,还是用关于"真正"平等的修辞来掩盖,都是明确的利益冲突,再无其他。

在古代,政治义务——合法性的自然结果——也是用一种非常随意的形式考查的,那时它根本不被视为理所当然,与其在中世纪晚期以来近代政治思想中的核心地位形成鲜明对照。[1] 官员的指令"应当是公正的,公民应当自愿而毫无怨言地服从它们"(西塞罗:《论法律》,3.3.6),但如果一个官员的指令并不公正,并无对其道德后果的考察。支撑"法律"的,是西塞罗之前对治权的解释,罗马式的治权是一个秩序良好的国家的基本前提,犹如希腊人所说的优良法制。但仅此而已,甚至是伯里克利的葬礼演说,尽管有关于雅典及其制度优越性的精彩雄辩,也没有增加多少我们或许可以称为功利性的论证,只有一个简短的、出人意料的说明:首要的

---

[1] 近代的理论化说明已经被证明不具有决定性,而且常常软弱,Dunn(1980)有充分的书目,但它只证明了该概念的复杂性,而非重要性。在合法性问题上也如此,布雷肯(Bleicken)长达三页的脚注的错误结论(始于第 92 页)是:"有关国家和政体的现代原则,如今一般已经不再使用合法性的概念",对他来说,"现代"只是指德国的,更狭义地说,是那些反韦伯立场的德国人的政治分析,见 J. Bleicken, *Staatliche Ordnung und Freiheit in der römischen Republik* (Frankfurter Althistorische Studien 6, 1972)。

第六章 意识形态

是"恐惧",它会限制我们在公共领域从事非法活动(修昔底德,2.37.3)。① 然而,恐惧虽有助于解释政治忠诚,却无助于说明政治义务②(军事义务当然更易受到多样化且方式不同的雄辩的影响,诸如光荣和保卫共同体,在葬礼演说中如此,在李维的长篇累牍的论述中也如此)。

有一个例外,据我所知,是现存唯一的尝试证明政治义务合理的**论说文**。它出现在一个让人意外的地方:柏拉图一篇短小的对话《克里同》中。③ 狱中的苏格拉底在等待被处决,他坚定地拒绝了其朋友要其逃亡的提议。简要来说,他的观点有点契约论的味道:任何已经选择终其一生为其居民和公民,而且已经在议事会服务并履行军役义务的人,也因此已经同意服从合法权威的法律和决定,所以,不服从的行为,即使不服从的是不公正的决定,在道德上也是错误的。这里存在难以超越的困境,因为这个观点与柏拉图让苏格拉底在《申辩篇》(37E—38A)中表达的相矛盾,与柏拉图本人的所有信仰也无法调和。我们可以反驳说,它是一个没有虑

---

① 我相信,修昔底德选择比较少见的 deos 来表示"恐惧",而不是更为常见的 phobos,并不表明它是只在诗歌中出现的"敬畏式恐惧"的意思,A. W. 戈麦(A. W. Gomme)在他的注疏中是如此认为的,他觉得可以"毫不困难地"把这里的 deos 简单地译成"尊敬"。如果注释家们都接受这种远非可能的观点:这个说法是修昔底德的,不是伯里克利的,则许多人的尴尬就会烟消云散。

② 重要的是承认忠诚这个"社会事实"与义务这个"意识形态范畴"之间的区别,见 Dunn (1980) 157。

③ 在谈及此点时,我并未忘记苏格拉底与希庇亚斯(Hippias)在色诺芬的《回忆苏格拉底》(4.4.12—25)中乏味的对话,现代学者不可理喻地对之赋予了信任。滑头的色诺芬对哲学的僭妄远超其实际能力,他援引神圣的"不成文法",固执地宣称"合法的"(to nomimon)就是"公正的"(to dikaion),要求人们敬重父母,并且禁止与他们发生性关系。

及其历史语境的论点。① 尽管如此,《克里同》的文本确实存在,它的异常性足以告诉我们有关政治义务(还有公民不服从)在古代诸多明确的意识形态焦点与争论中所处的低下地位。

在《克里同》的论证背后,隐藏的是另外一个假设。它却为城邦时代的希腊人和罗马人普遍相信,而且无休无止地多次重复,甚至柏拉图和亚里士多德相信:②真正的政治社会、一个真正的城邦,因此也是良好的生活的基本前提,是"法律的统治,不是人治"。民主政治与寡头政治都宣称拥有这一美德;③传说中的古风时代的君主制,在被后代赋予一套完整的制度盔甲后,也被追授了美德。有关这个口号的无数陈述,可以一直引用到罗马共和国末年的西塞罗那里,但只要引用欧里庇得斯的《乞援的妇女》(第312—313行)就够了:"把城邦中人聚合在一起的力量,是高贵地维持法律。"现代的分析派哲学家认为,这个口号是无望的模糊且含混,只能抛弃。但他们的炮弹打错了方向,因为意识形态不是理论,不应承受同样严格的分析。意识形态的标准是实用,不是逻辑。在古代,这意味着稳定,一种避免冲突常发,尤其是内战那种极端形式的冲突的能力。在贵族统治的古风时代,强调成文法典,甚至是为之而战,可不仅仅是含混。人们要求确定的、公开的法律的判断是

---

① 对这个"有趣的不良观点"最为精到的分析,是 A. D. Woozley, *Law and Obedience: The Arguments of Plato's Crito* (London 1979),尽管其质量与逻辑并不均衡。几年前发表了有关该问题的一篇简短初级叙述,载 G. Vlastos, ed. *The Philosophy of Socrates* (Garden City, N. Y., 1971), pp. 299—318。

② 例如 *Republic* 565E-566A;Politics 1295a19—23。

③ 德谟斯梯尼(24.75—76)和埃斯基尼斯(3.6)否认寡头制乃法治,但那不过是表明,在政治演说中,真理并非必要条件。

合理的,理性上显然是实际的。

在《乞援的妇女》稍后的情节中,一个忒拜的使者来到了雅典,并且问道:"谁是这个国家的统治者(*tyrannos*)?"国王提修斯反驳道:"客人,你从开始就错了,到这里找什么统治者。这个城市是自由的,决不由任何一个人统治,人民在统治,每年一轮换。他们不把最高权力授予富人,穷人也平等地分享权力。"使者答称,那是暴民政治:"人民不是意见的正确判官,他们又怎能为城邦提供正确的指导?"①但他并未挑战法治的原则,分歧在于由谁阐释那种制约着所有人——无论是统治者,还是被统治者——的法律。古代城邦之间的巨大差异,即它们在政府的形式,由此还有它们的政治形态和控制上的巨大差异,正在这里。当然,在民主政治和寡头政治之间,也存在这种巨大的分歧。但如罗马的例证所表明的,更准确地说,是民众对政府和政治参与的正式范围和参与的真正有效性。

在谁原则上共享法律制定机制上的分歧,在一系列政治术语与口号中都有表现。亚里士多德《政治学》的开头,就是对那些"政治家"不过是奴隶主或者一个扩大型家主的观点的反驳。他争辩说,根本不是那么回事,因为政治家是"轮流统治和被统治"。在该书的后面,他接着说,当公民是"平等者和同侪"时,是自然状态(1279a8—11)。对于雅典人的说法——他们已经最为充分地实现了那种状态,因为人民即所有公民都是平等者和同侪,因此他们轮

---

① *Suppliant Women* 399—419(弗朗克·琼斯[Frank Jones]英译,有改动)。公元前 5 世纪初将提修斯作为民主政治的圣徒式保护人虽然引人注目,但与当前的讨论无关。

流统治和被统治,亚里士多德的回答是:这种类型的民主程序,所依靠的是一种错误的、算术概念的平等,只计算人头,最终将控制权交给了平民领袖,于是他们很快就造成了可能出现的最为恶劣的状况,即人治而非法治。① 柏拉图的冗长论证与此相同(《理想国》,562D—566C),但与亚里士多德不同的是,他并不相信任何一种平等的设想能够拯救轮流统治和被统治的原则。

西塞罗在一篇演说(《为弗拉库斯辩护》,7.15-16)中,用一段简短的、富于激情的插叙咒骂了雅典人和全体希腊人,因为他们将真正的自由变成了放纵。可是,他本人毫不费力地赞同在罗马应用该原则(《论法律》,3.2.5),因为在罗马的制度下,所指的只能是高级官员,官职每年由显贵分享,偶尔会由祖先不那么杰出的、显贵们的被庇护人担任。在那些更具反思精神的作家那里,我们了解到这种连续的,而且无法解决的意识形态上的分歧,但相互冲突的观点得以表达的热烈程度与强度,表明在表达不那么清晰以及没有表达的人之间存在着共鸣。任何雅典人都能出席公民大会,出任陪审员和议事会议员,并担任众多官职,这个事实不可能不产生心理冲击。② 只有罗马的贵族能够统治和被统治的现实,也不可能不对心理产生影响。

所有这些分歧与争论的核心,是对整个阶级和人的状况,具体地说是在公民阶级的道德与智力特征评价上的冲突。忒拜使者对

---

① 亚里士多德经常而且在不同的语境中又回到这个问题,因此具体的引述或许会误导。有关平民领袖的段落见 Politics 1292a1—36。

② 这里我忽略了下述限定:由于财产资格的限制,有些高级职位使多数雅典公民被排除在外。

第六章 意识形态

提修斯的回答所表现出的深入骨髓的等级化评价,已经够明确了,但在本书开头数页我们所讨论的"穷人"和"富人"等不同的语汇中,它更加富有比喻性,但同样明确。如果人民"根本不是意见的正确判官"(用欧里庇得斯的话说),或者用西塞罗更加生动的修辞性话语,人民是"对任何事情都无经验,无知而且缺乏教养的人",是"手艺人、店主,以及诸如此类的城市中的渣滓",① 则结论似乎无可争议:人民没有资格分享政治决策权。可是,在希腊人和罗马人中,由于存在大量法律地位为奴隶的人,无论他们个人素质如何,其地位都要低于西塞罗所说的渣滓,因此问题更加复杂化了。与"奴隶"相对的是"自由人",甚至西塞罗都承认,所有公民都享有自由的品质(与居住在城邦共同体中自由的非公民不同,他们享有城邦共同体成员资格,非公民是城邦生活的特征,在当前的语境中,我们勿需讨论)。

所有城邦都坚定地承认,一切公民都是自由的(只有那些因为这个或那个原因失去全部或部分自由的恶棍除外)。这告诉了我们一些东西,但还不够。众所周知,"自由"的实际内涵随时随地都会有所不同,不过我不打算在这里多谈,只提及与当前语境有关的自由的最低层次("法律面前平等")。② 在私人领域,即使不是所有,至少是多数城邦在形式上都接受该原则,也就是说,在所有可

---

① Cicero, *Oration for Flaccus* 7.16;8.18. 该段落有更多此类侮辱性文字,我没有征引。

② 这里我没有考虑罗马政治"自由"(*libertas*)独特且狭窄的概念范畴,关于此点,请见 Ch. Wirszubski, *Libertas as a Political Idea at Rome*...(Cambridge 1950),尤其是与本处直接有关的第 13—15 页。

以诉诸法律的个人之间的关系上,甚至在出现争议时要服从司法裁决的个人与国家的关系中,都接受这个原则。① 在实践中,只要存在财富、社会关系和政治权威上的不平等,这种形式上的平等从来不曾实现,则是另一个普遍现象。当前重要的是在法律面前平等的程度,以及大众对政府和政治参与的程度(特别是,尽管不仅仅是,在陪审团以及其他司法机构成员资格上)的相互关联。英国的黑格尔派伯纳德·鲍桑葵(Bernard Bosanquet)写道:"没有政治自由,法律上的自由就无真正保障;人们所以要求分享高度积极的政治义务与职能,其根源在于法律上的自由不断遭到侵犯。"②

在古代,体现这一假设的最好例证当然是雅典人。对他们(或许还有那些模仿雅典建立的较小城邦的民主政治)来说,*isonomia*,即我们翻译为"法律面前平等"的这个单词,也意味着经过法律途径获得平等,即所有公民在政治权利上的平等。那种平等为政体的发展和法律创造出来,它不仅意味着投票权,担任官职以及诸如此类的权利,首要的则是在议事会和公民大会参与政策制定的权利。在公民大会的辩论中,传令官以这样的话开场:"谁有好的建议提供给城邦,并让其为人知晓?"提修斯说,那就是自由(《乞援的妇女》,438—441)。普罗太戈拉如此解释平等的理由:"当讨论涉及政治智慧时……他们听取所有人的意见,因为他们认为,所有人都享有这种美德,否则就不可能有城邦了。"(柏拉图:《普罗太戈拉篇》,322E—323A)公元前 5 世纪初,人们甚至发明

---

① 随后的论述请见 Finley (1976a)。
② B. Bosanquet, *The Philosophical Theory of the State* (4 ed., London 1923;初版于 1899 年),简装版(1965 年)第 127—128 页。

第六章 意识形态

了一个合适的希腊语新词 *isegoria*，其意思是言论自由，但它的意思，与其说是我们通常否定意义上的免受审查，不如说是更加重要的，在所有公民的集会上就最重要的问题拥有发言权。在拉丁语中，没有与之相当的词，因为唯一与之相类的，是显贵中的平等（至少形式上）与自由。莫米里亚诺（Momigliano）评论道，在罗马，"人们感到言论自由之属于威权（*auctoritas*）领域，犹如这个领域属于自由（*libertas*）一样。"①

普罗太戈拉的原则（如果我们可以这么说的话）并未发展成这样的结论：所有人都平等地享有政治智慧的"美德"。强有力的证据表明，即使在雅典，也只是少数人行使他们的言论自由权，并且毫无疑问的是，政治领导权威由一个相对较小的阶层垄断，尽管这个阶层不像罗马那样是个自我补充的集团。全面的政治美德的极限，是在平等的、一人一票的基础上参与最终决定的普遍权利。在那之外，就是不平等、等级原则在发挥作用。具有讽刺意味的是，其后果是在两个世纪或更长的时间里，雅典产生的无能将军和政治发言人，较之拥有自我补充的精英与最高层次官员——执政官和副执政官——每年轮换的罗马，比例相应要少。在元老院里，无能者无疑没有什么影响，但在战场上，他们拥有全权，在国内的行动中，当他们拥有治权时，也几乎拥有全权。

雅典的人民在选择他们的领袖，通过投票选举将军，或在公民大会中支持某个具体的政策制定者时，展现了非常良好的判断力，

---

① A. D. Momigliano, "Freedom of Speech in Antiquity", in *Dictionary of the History of Ideas* 2 (1973) 252—263，引文见第 261 页。前文已经讨论的雅典与罗马戏剧的对比，也与此有关。

这个事实（我强调这是事实）是无法用冷漠这一现代政治学家中精英学派喜爱的概念来解释的。冷漠不能安到那些时常出席公民大会的成千上万人的头上，也不能安到那些在议事会中服务过一到两届，以及那些构成法庭陪审员的人头上，他们又是好几千人。在我看来，唯一的出路，是考虑广泛的公民责任感，一种现代历史学家羞于谈及的道德特质。可以理解的是，部分（但仅仅是部分）是因为道德特质作为一个范畴显而易见的主观性，以及在证实其存在时遇到的困难。抓住几个似乎不负责任行为的例证——例如，公元前406年，根据公民大会的命令处死了统率雅典舰队在阿吉纽西获胜的将军——作为谴责整个制度的依据，则容易得多。根据这样的标准，则任何社会，无论是过去的、现在的，抑或是将来的，都只能是不负责任的社会。这种话几乎不值得明白地说，但需要指出的是，在这样一种论述之下，存在着对两种道德范畴的混淆，一种是在当时的道德框架内全面追求可以接受的公共目标意义上的政治责任，一种是现代有关体面和人道的概念。对一个历史学家来说，将一个过去的行为或行动判定为政治上负责、同时却谴责其道德基础，并不是不合逻辑。

我并不是暗示，在古代，政治（或公民的）责任感只存在于民主政治中。寡头政治甚至是专制统治者也可以负责任地行动，但是，如同在罗马那样，其评价必须限定在那些参与决策的人中间。至于其他人，即人民或平民，期待于他们的只是服从，统治阶级称其为负责任的行为。罗马的人民大部分时间里引人注目地顺从。为什么？更具体地说，当他们获得某种程度的、鲍桑葵称为"法律上的自由"时，他们为什么没有做出坚决而持续的努力，以获得"政治

第六章 意识形态

自由"呢,或至少更多地分享它呢?当然,我们可以对许多社会提出同样的问题,但在这些社会中,由顺从的大众不是因为雇佣或压迫,而是因为公民义务组成武装力量的,非常少见。如我们已经指出的,罗马独特的军事史本身提供了答案中的某些内容,但决定性的因素,我们必须到意识形态中去找,那是一整套的信仰和态度,也一直是本书的主题。一个统治阶级的意识形态,除非为那些被统治者接受,否则没什么用处,而在罗马,接受程度非常高。然后,当意识形态在精英阶层内部开始解体时,其结果不是在公民群体中扩大政治自由,而是相反,摧毁了所有人的自由。

参 考 文 献

说明:仅引用一次的著述一般不在这里重复出现。

Astin, A. E. (1967). *Scipio Aemilianus*. Oxford
Astin, A. E. (1968). *Politics and Policies in the Roman Republic* (an inaugural lecture). Belfast
Astin, A. E. (1978). *Cato the Censor*. Oxford
Badian, E., ed. (1966). *Ancient Society and Institutions. Studies Presented to Victor Ehrenberg*. Oxford
Badian, E. (1972). "Tiberius Gracchus and the Beginning of the Roman Revolution", in *Aufstieg und Niedergang der römischen Welt*, ed. H. Temporini, 11, 668—731. Berlin
Brunt, P. A. (1971a). *Social Conflicts in the Roman Republic*. London
Brunt, P. A. (1971b). *Italian Manpower 225 B.C.—A.D. 14*. Oxford
Brunt, P. A. (forthcoming). "The Roman Clientela: A Reconsideration"
Connor, W. R. (1968). *Theopompus and Fifth-Century Athens*. Washington
Connor, W. R. (1971). *The New Politicians of Fifth-Century Athens*. Princeton
Davies, J. K. (1971). *Athenian Propertied Families 600—300 B. C.* Oxford
de Ste Croix, G. E. M. (1972). *The Origins of the Peloponnesian War*. London
Dunn, John (1980). *Political Obligation in Its Historical Context*. Cambridge
Ehrenberg, V. (1965). *Polis und Imperium*, ed. K. F. Stroheker and A. J. Graham. Zurich & Stuttgart
Ehrenberg, V. (1976). *L'état grec*, trans. C. Picavet-Roos, ed. Ed. Will (初版于1932年的德文书的最新版本). Paris

Ferguson, W. S. (1911). *Hellenistic Athens*. London
Finley, M. I. (1962). "Athenian Demagogues", *Past & Present* 21: 3—24, 重印和引用于 *Studies in Ancient Society*, ed. Finley (London & Boston 1974) 1—25
Finley, M. I. (1973a). *The Ancient Economy*. Berkeley & London
Finley, M. I. (1973b). *Democracy Ancient and Modern*. New Brunswick, N. J. & London
Finley, M. I. (1975). *The Use and Abuse of History*. London & New York
Finley, M. I. (1976a). "The Freedom of the Citizen in the Greek World", *Talanta* 7: 1—23, repr. In Finley (1981) ch. 5
Finley, M. I., ed. (1976b). *Studies in Roman Property*. Cambridge
Finley, M. I. (1977). "Censorship in Classical Antiquity", *Times Literary Supplement* for 27 July; in French, *Renue historique* 263 (1980) 3—20
Finley, M. I. (1978a). "Empire in the Greco-Roman World", *Greece & Rome* 25: 1—15, repr. in *Review* 2: 55—68
Finley, M. I. (1978b). "The Fifth-Century Athenian Empire: A Balance Sheet", in Garnsey, Whittaker (1978) 103—126, repr. in Finley (1981) ch. 3
Finley, M. I. (1979). *Ancient Sicily*, rev. ed. London
Finley, M. I. (1981). *Economy and Society in Ancient Greece*, ed. B. D. Shaw & R. P. Saller. London & New York
Fowler, W. W. (1911). *The Religious Experience of the Roman People*. London
Garlan, Y. (1975). *War in the Ancient World : A Social History*, trans. J. Lloyd. London
Garnsey, P. D. A. & Whittaker, C. R., ed. (1978). *Imperialism in the Ancient World*. Cambridge
Gauthier, P. (1974). "Générosité romaine et 'avarice' grecque; sur l'octroi du droit de cité", in *Mélanges . . . William Seston* 207—215 . Paris
Gehrke, H. -J. (1978). "Das Verhältnis von Politik und Philosophie im Wirken des Demetrios von Phaleron", *Chiron* 8: 149—193
Goody, J. R., ed (1968). *Literacy in Traditional Societies*. Cambridge
Grossmann, G. (1950). *Politische Schlagwörter aus der Zeit des Peloponnesischen*

Krieges, repr. New York 1973. Diss. Zurich

Harris, W. V. (1979). *War and Imperialism in Republican Rome 327—370 B. C.* Oxford

Haussoullier, B. (1883). *La vie municipale en Attique*, repr. New York 1979. Paris

Headlam, J. W. (1933). *Election by Lot at Athens*, 2 ed. by D. G. Macgregor. Cambridge

Heuss, A. (1973). "Das Revolutionsproblem im Spiegel der antiken Geschichte", *Historische Zeitschrift* 216: 1—72

Hignett, C. (1952). *A History of the Athenian Constitution to the End of the Fifth Century B. C.* Oxford

Hintze, O. (1962). *Staat und Verfassung*, 2 ed. By g. Oestreich. Göttingen

Hintze, O. (1964). *Soziologie und Geschichte*, 2 ed. By G. Oestreich. Göttingen

Hopkins, K. (1978). *Conquerors and Slaves*. Cambridge

Jocelyn, H. D. (1966/1967). "The Roman Nobility and the Religion of the Republican State", *Journal of Religious History* 4: 89—104

Kelly, J. M. (1966). *Roman Litigation*. Oxford

Kluwe, E. (1976). "Die soziale Zusammensetzung der athenischen Ekklesia und ihr Einfluss auf politische Entscheidunger", *Klio* 58: 295—333

Kluwe, E. (1977). "Nochmals zum Problem: Die soziale Zusammensetzung der athenischen Ekklesia ...", *Klio* 59: 45—81

Kroll, W. (1933). *Die Kultur der ciceronischen Zeit*, 2 vols. Leipzig (repr. in one volume, Darmstadt 1963)

Lanza, D. (1979). *Lingua e discorso nell' atene delle professioni*. Naples

Laski, H. J. (1935). *The State in Theory and Practice*. London

Laslett, P., ed. (1956). *Philosophy, Politics and Society*. Oxford

Liebeschuetz, J. W. G. (1979). *Continuity and Change in Roman Religion*. Oxford

Lintott, A. W. (1968). *Violence in Republican Rome*. Oxford

Lintott, A. W. (1982). *Violence, Civil Strife and Revolution in the Classical City*. London & Canberra

Loenen, D. (1953). *Stasis* (an inaugural lecture). Amsterdam

Lübtow, U. v. (1948). "Die iustitia et iure", *Zeitschrift der Savigny-Stiftung für Rechtsgeschichte. Romanistische Abt.* 66: 458—565

MacIntyre, A. (1981). *After Virtue, a Study in Moral Theory.* London

Meier, C. (1980). *Die Entstehung des Politischen bei den Griechen.* Frankfurt

Meiggs, R. & Lewis, D., ed. (1969). *A Selection of Greek Historical Inscriptions to the End of the Fifth Century B. C.* Oxford

Merquior, J. G. (1980). *Rousseau and Weber: Two Studies in the Theory of Legitimacy.* London & Boston

Meyer, Ernst (1961). *Römischer Staat und Staatsgedenke*, 2 ed. Zurich & Stuttgart

Michels, A. K. (1967). *The Calendar of the Roman Republic.* Princeton

Mommsen, T. (1887—1888). *Römisches Statsrecht*, 3 ed., 3 vols. In 5. Leipzig

Mommsen, T. (1899). *Römisches Strafrecht*, cited from the 1961 photographic reprint. Darmstadt

Nicolet, C. (1970). "Cicéron, Platon et le vote secret", *Historia* 19: 39—66

Nicolet, C. (1976). *Le métier de citoyen dans la Rome républicaine.* Paris (trans. P. S. Falla, London 1980)

Nippel, W. (1980). *Mischverfassungstheorie und Verfassungsrealität in Antike und früher Neuzeit.* Stuttgart

Pöhlmann, R. (1925). *Geschichte der sozialen Frage und des Sozialismus in der antiken Welt*, 2 vols., 3 ed. By F. Oertel. Munich

Pritchett, W. K. (1971—1979). *The Greek State at War*, 3 vols. Berkeley

Rhodes, P. J. (1972). *The Athenian Boule.* Oxford

Rhodes, P. J. (1980). "Ephebai, Bouleutae and the Population of Athens", *Zeitschrift für Papyrologie und Epigraphik* 38: 191—201

Riepl, W. (1913). *Das Nachrichtenwesen des Altertums, mit besonderer Rücksicht auf die Römer.* Leipzig & Berlin

Roussel, D. (1976). *Tribu et Cité* (Annales littéraires de l'Univ. de Besancon 193)

Ryffel, H. (1949). *Metabole Politeion. Der Wandel der Staatsverfassungen.*

Bern (repr. New York 1973)

Schmidt, S. W. , et al. , ed. (1977). *Friends, Followers, and Factions: A Reader in Political Clientalism*. Berkeley

Schuller, W. (1979). "Zur Entstehung der griechischen Demokratie ausserhalb Athens", in *Auf den Weg gebracht*, ed. H. Sund & M. Timmermann 433—447. Konstanz

Scott, J. C. (1977). "Patronage or Eploitation?", in *Patrons and Clients in Mediterranean Societies*, ed. E. Gellner & J. Waterbury 21—39. London

Spahn, P. (1977). *Mittleschicht und Polisbildung*. Frankfurt

Starr, C. G. (1974). *Political Intelligence in Classical Greece* (*Mnemosyne*, Supp. 31)

Staveley, E. S. (1972). *Greek and Roman Voting and Elections*. London

Strasburger, H. (1982). *Studien zur alten Geschichte*, 2 vols. , ed. W. Schmitthenner and R. Zoepffel. Hildesheim & New York

Syme, R. (1939). *The Roman Revolution*. Oxford

Taylor, L. R. (1949). *Party Politics in the Age of Caesar* (引自 1961 年简装版). Berkeley

Taylor, L. R. (1960). *The Voting Districts of the Roman Republic* (Papers and Monographs of the American Academy in Rome 20)

Taylor, L. R. (1966). *Roman Voting Assemblies*. Ann Arbor

Traill, J. S. (1975). *The Political Organization of Attica* (*Hesperia*, Supp. 14)

Ungern-Sternberg von Pürkel, J. (1970). *Untersuchungen zum spätrepublikanischen Notstandsrecht*. Munich

Veyne, P. (1976). *Le pain et le cirque. Sociologie historique d'un pluralisme politique*. Paris

Vlastos, G. (1977). "The Theory of Social Justice in the Polis in Plato's Republic", in *Interpretations of Plato*, ed. H. F. North 1—40. Leiden

Weber, M. (1972). *Wirtschaft und Gesellschaft*, 5 ed. by J. Winckelmann. Tübingen

索　引
（词条后的页码为原书页码，即本书边码）

Achaean League 阿凯亚同盟 116，127
Acragas 阿克拉加斯 103
Aediles 市政官 39，90
Aegina 埃吉那 103
Aeschines 埃斯基尼斯 37，83，136页注
Aetolian League 埃托利亚同盟 116
Agis IV, King of Sparta 阿吉斯四世，斯巴达国王 103，116
Alcibiades 阿尔基比阿德斯 54，68，94，101，118，122，134
Alexander III (the Great) of Macedonia 马其顿亚历山大三世（大帝）12，116
Andocides 安多基德斯 21
Antipater 安提帕特 16
Antony, Mark 安东尼，马可 117
Appian 阿庇安 4，21，90
Archons 执政官 102，107
Areopagus, Council of the 战神山议事会 71，102

Arginusae 阿吉纽西 140
Argos 阿尔哥斯，22页注 103，108—109
Aristides 阿里斯提德 50，55，67
Aristocrats, aristocracy 贵族，贵族政治 3; as term 作为术语 12; and wealth ～与财富 13—15; in Mantinea 在曼提涅亚 42; as "tribal chieftains" 作为"部落首领" 44—47; and leadership～与领导权 47; and rule in Rome ～与其在罗马的统治 137; see also class; elite 也见阶级；精英
Aristophane 阿里斯托芬 82，123; *Acharnians*《阿卡奈人》125; *Clouds*《云》28
Aristotle: and class 亚里士多德：～与阶级 2，10—11; on state 论国家 6; and acceptance of political order 与政治秩序的接受 27; on oligarchs 论寡头政治 39; and community patronage～与共同体

中的庇护 39—40; and Cleisthenes' reforms~与克里斯梯尼改革 44; on Carthage 论迦太基 53; on Spartan kings and ephor 论斯巴达国王和监察官 62; and Athens Assembly 论雅典公民大会 73, 75; and political analysis ~与政治分析 124, 126; and ideology ~与意识形态 132, 135; on equality 论平等 137; *Constitution of Athens*《雅典政制》39, 40, 47, 72, 102—104, 107; *Constitutions* (lost)《诸邦政制》(失传的) 103; *Politics*: on class《政治学》:论阶级 1, 3, 9—11; on *to meson* 论中产阶级 10; on political man 论政治性的人 24—25; and public service 论公共服务 35; on Carthage 论迦太基 53; on separation of powers 论分权 58; on oligarchies 论寡头制 63; on constitutional crises 论政体危机 101; and political analysis ~与政治分析 124; and rule ~与统治 137; *Rhetoric*《修辞学》29, 71, 75

Army, armies 军队,各兵种 17—18, 21—22, 58—59, 66—68, 129; *see also* militia; war; and individual city-states 也见民兵;战争;以及各具体城邦

Assembly (Athens) 公民大会(雅典的) 56, 71—78, 80—84, 86, 90, 137, 139—140

Astin, A. E. 阿斯汀,A. E. 92, 97—98, 100

Athens: class in 雅典:~的阶级 2, 13, 16; as city-state 作为城邦 15, 17, 62—63; and citizenship~与公民权 15, 71; foreign domination and settlement 对外国的统治与安置移民 16—17, 61, 63, 111, 113—114; military forces 军事力量 19, 130 页注; police and peace-keeping 警察与维持和平 21; and invasion of Sicily ~与入侵西西里 21, 94, 113, 122; stability and continuity 稳定性与连续性 24—25, 49, 84, 106; class and political order in 阶级与政治秩序 27, 31; land hunger 土地短缺 33; state support for poor 国家对穷人的支持 38, 40; liturgies 公益捐助 36; public celebrations 公共庆祝仪式 39; political participation 政治参与 40; Cleisthenes' reforms 克里斯梯尼改革 42—44, 46—48, 102, 115,

131；aristocratic rule 贵族统治 46—47；destroyed by Macedon 被马其顿消灭 49，116—117；ostracism 陶片放逐法 50，55；political procedures 政治秩序 50—51，54；and constitutional law ～与政体法 56；political institutions 政治制度 56—58，63；size 领土面积 59，63；wars 战争 60；political and military leadership 政治和军事领导权 67—68；assembly and Councils 公民大会和议事会 70—84，86，90，107，137，139—140；war with Sparta ～与斯巴达的战争 73，113，122，125；and Philip of Macedon ～与马其顿的腓力 78—81，115；corruption in 腐败 83—84；political consciousness 政治意识 97；constitutional conflict and change 政体上的冲突与改革 101，107；and debt～与债务 109；conservatism and "decline" 保守主义与"衰落" 115—116；political analysis in 政治分析 123—125，129；*demos* 人民 134—135，140；and equality ～与平等 139—140；*see also* Greece; Peloponnesian war; Pisistratus 也见希腊；伯罗奔尼撒；庇西斯特拉图

Attica 阿提卡 16，45，63，74

Atticus, Titus Pomponius 阿提库斯，提图斯·庞博尼乌斯 43，51

Auctorita "权威" 8，32，43，139

Augurs *see* divination 占卜祭司，见占卜

Augustus（C. Octavius）奥古斯都（C. 屋大维）25，90，117，132

Auspices *see* divination 征兆，见占卜

Bacchanalians 酒神崇拜案 20—21，99—100

Badian, E. 贝迪安，E. 4，53

Bible, Holy《圣经》31

Bosanquet, Bernard 鲍桑葵，伯纳德 139，141

Bribery 贿赂 83—84

Brunt, P. A., P. A. 布朗特 99，106，112

Caesar, Julius: and free grain 尤利乌斯·恺撒：～与免费粮食 18；and army command ～与军队指挥 59，68；motives 动机 101；and colonization ～与殖民 114；and civil war ～与内战 117；conquers Gaul 征服高卢 120

Capital punishment 死刑 4，29，88

Capua 卡普亚 59，85

Carneades 卡内阿德斯 28
Carthage 迦太基 53，56，59，110
Cassander 卡桑德 117
Catiline 喀提林 4，51，117—118
Cato the elder（censor）老加图（监察官）66—67，99，118，128，129页注
Cato the younger 小加图 118
Censors（Rome）监察官（罗马）87—88
Chios 克俄斯 57，103
Cicero：on *boni* 西塞罗：论贵族 2；and Catiline ～与喀提林 5—6，51；and Plato ～与柏拉图 12，128；and acceptance of political order ～与对政治秩序的接受 27；Senate influence 元老院的影响 29；on voting procedures 论投票程序 48；on government of Rome 论罗马政府 51，90；on Pompy's commands 论庞培的指挥权 118；and effective opposition ～与有效的反对 119；on Scipio Aemilianus and circle 论西庇阿·埃米里亚努斯及其圈子 127—128；political reflection 政治思考 128；on legitimacy 论合法性 134；on plebeians 论平民 138；and rule by law ～与法治 136；*Against Catiline*《反喀提林》5；*Commentariolum*《竞选手册》48；*for Murena*《为穆列那辩护》48；*Laws*《论法律》12，43，65，128，134，137；*Letters*《书信集》39，51，56；*On the nature of the Gods*《论神性》26；*Oration for Flaccus*《为弗拉库斯辩护》137；*Oration for Plancius*《为普朗基乌斯辩护》48；*Oration on His House*《关于家宅的演说》6；*Republic*《论共和国》5，12，127—128，133
Cimon 客蒙 1，40，42，45—47，64页注，68
Cinadon 基那东 62
Cincinnatus 辛辛那图斯 1，115
Circuses 竞技场 39，120
Citizenship：sovereignty 公民权：公民 7—8；in Greece 在希腊 9；recognition of 对它的承认 15；and military service ～与军役 21—22，60—61，67；in Sparta 在斯巴达 62；and political participation ～与政治参与 84—86，137；and freedom ～与自由 87，138；Athenian restrictions 雅典人的限制措施 102
City-state：as term 城邦：作为术语 11—12；and class，～与阶级 13—15，27；size and territory 面

积与领土 15，59—60；policing 治安 18，24；Italian 意大利的 18；armies 军队 18—19，21—22，59；stability 稳定 24，49，106，134；religious cults 宗教崇拜 26，119；as face-to-face societies 作为面对面的社会 28—29；and community patronage～与集体庇护制 35，41；peasants in 农民在～41；and conquest～与征服 61，115—116，134；popular participation 民众参与 69；constitutional conflict 政体冲突 101—106；colonization and emigration 殖民与移民 110—111，113；internal rivalry 内部竞争 119；allegiance to 对～的忠诚 123；and overlordship～与领主权 131；and fre citizens～与自由公民 138

Civil disobedience 公民不服从 123

Civil war and disorder 内战与失序 21—23，60，99，105—106，108，112，117—119，see also stasis 也见"冲突"

Class (social)：and government 阶级（社会）：～与政府 1—5，12—13，44—46，101，137；and law ～与法律 6—7，108，138—140；use of term 对该术语的使用 10—11；and city-state～与城邦 12—13，27；and army～与军队 22，120；and political stability～与政治稳定 27；and literacy～与识文断字 31；and taxation～与税收 32—33；and state support of poor～与国家对穷人的支持 34；and liturgies～与公益捐助 37；and reforms～与改革 107—109，115

Cleisthenes 克里斯梯尼 12，42—44，46—47，102，115，131

Cleomenes, king of Sparta 克列奥美涅斯，斯巴达国王 103，116

Cleon 克里昂 50，59，67—68

Cleruchies 军事移民 111，114

Client relations 门客关系 40—41，43，45—46；see also patronage; community 也见庇护；共同体

Clodius 克洛狄乌斯 117，119

Coercitio 惩处 20

Colonization 殖民 109—114，121

Comitia centuriata（Rome）百人团大会（罗马）14 页注，53—54，88，91

Comitia tributa（Rome）部落大会（罗马）89

Concilium plebis（Rome）平民会议（罗马）27，89，105

Conquest state 征服型国家 61—64，

106, 109—116
Conscription (military) 征兵（军事的）112—113; see also militia 也见民兵
Constitutions 政体 56—57, 101—103, 109
Consuls (Rome) 执政官（罗马）21, 58, 65, 86—87, 97—99, 107, 129, 140; see also magistrates 也见高级官员
Contio 预备会 21, 86
Corcyra 科西拉 61
Corinth 科林斯 27, 103, 109
Corruption 腐败 7, 51, 54, 83—84
Council of Elders (Sparta) 长老会（斯巴达）62
Council of 500 (Athens) 五百人议事会（雅典）47—48, 56—57, 71—72, 74, 76—78, 80, 82, 137, 139—140
Council of the Areopagus see under Areopagus 战神山议事会，见战神山
Courts of law 法庭 58, 72, 88
Crook, J. and Stone, R.. 克鲁克, J. 和斯东, R. 7
Cursus honorum 荣誉阶梯 72, 99
Cyrene 库列涅 110 页注

Debt 债务 5, 107—113

Delphi 德尔斐 93—94, 109
Demagogues 人民领袖 42, 54, 108, 137
Demetrius of Phalerum 法勒罗姆的底米特里乌斯 37, 117, 126 页注
Democracy: Aristotle on 民主政治：亚里士多德论～ 1; as system 作为制度 7; and citizens' decisions～与公民的决定 29; and liturgies～与公益捐助 37; public participation 公众参与 39, 84; and conquest～与征服 61; and electoral regime～与选举制度 70—71; and rule by law～与法制 136
Demos: defined 人民：界定 1—2; Aristotle on 亚里士多德论～ 11; and leaders～与领袖 31, 37, 70; payment of 对～的津贴 34; and Cleisthenic reform～与克里斯梯尼改革 44; political participation 政治参与 44, 84; and revolution～与革命 108; fitness for rule 适合统治 136—138, 140; obedience 服从 141
Demosthenes the orator 演说家德谟斯梯尼 36, 59, 78—81, 83, 104—109, 133, 136 页注
Demosthenes (Athenian general) 德谟斯梯尼（雅典将军）67—68

Dictator 独裁官 68 页注
Dilectus 征兵 21，22 页注
Dio of Syracuse 叙拉古的狄翁 126 页注
Diodorus 狄奥多罗斯 103，108—109
Dionysius of Halicarnassus 哈里卡那苏斯的狄奥尼修斯 12，89，91，105
Dionysius II, Tyrant of Syracuse 狄奥尼修斯二世，叙拉古僭主 126 页注
Divination 占卜 92—96
Dreros (Crete) 德里罗斯（克里特的）57
Durkheim, E. E. 涂尔干 28

Education 教育 25—26，28；see also literacy 也见识文断字
Ehrenberg, Victor 维克多·埃伦伯格 3，7
Elatea 埃拉特亚 78—81
Elections 选举 70—72，90—92，97—99
Eleusis 埃琉西斯 16，21，94
Elite; and literacy 精英：～与识文断字 30—31；and support of poor ～与对穷人的支持 34；and rule ～与统治 37，70，95；and community patronage ～与集体庇护制 39；and Roman rule～与罗马人的统治 63，88—89，140—141；and Roman voting～与罗马的投票制度 87，112；internal rivalry 内部争斗 118—119
Emigration 移民 33，11
Ephebic oath 成年宣誓 130 页注
Ephialtes 厄菲阿尔特 102，115
Ephors 监察官 62
Equality before the law 法律面前平等 138—140
Etruscans 埃特鲁里亚人 53，105，110，129
Eumolpids (family) 优摩尔皮德斯（家族）94
Eunomia 优良法制 131，134
Euripides 欧里庇得斯 125，136，139
Family 家族 45，64—65
Fasces 法西斯 65，95
Festivals and games 节日与赛会 38—39，87，92
Finance public 财政，公共的 36—39
Finley, M. I.：*Ancient Economy* M. I. 芬利：《古代经济》11
Flaminius 弗拉米尼乌斯 101
Fowler, W. Warde 弗勒 W. 沃德 93
Games see festivals and games 赛会见节日与赛会
Glaucon 格劳孔 52，76

Gods see religion 神灵见宗教
Goody, J. R. J. R. 古迪 30
Gracchi, the 格拉古兄弟 4—6, 89, 101, 121
Gracchus, Gaius 盖约·格拉古 4, 21, 117
Gracchus, Tiberius 提比略·格拉古 4—5, 90, 112, 117—118, 128
Graphe paranomon 违法提案诉讼 53—55, 102
Greece: social system 希腊：社会制度 1; class in～的阶级 2—3, 14; citizenship 公民权 7, 15; city states in 城邦在～ 11—12; armies 军队 19, 67; legal powers in 合法权力在～ 20; religion 宗教 26, 38, 93—95; literacy 识文断字 30; law 法律 30; taxation 税收 32; grain supply 粮食供应 33; liturgies 公益捐助 36—38, 40; navies 水师 38; appointment to office 指定官职 48; and invention of politics～与政治的发明 53—54; constitutional law 政体法 56—57; professional soldiers 职业士兵 59; wars 战争 60; political system 政治制度 66; and elections～与选举 70; divination 占卜 93—95; constitutional conflict 政体冲突 101, 107; colonization and dispersal 殖民与流散 110—111; legitimacy and allegiance in 合法性与忠诚在～ 123—124; and political analysis and reflection～与政治分析和反思 123—126, 128—129; ideology 意识形态 130—131; see also Athens; Sparta 也见雅典；斯巴达

Hannibal, Hannibalic war 汉尼拔，汉尼拔战争 32, 38, 67, 114
Herodotus 希罗多德 123
Hesiod 赫西俄德 1
Homer: *Iliad* 荷马:《伊利亚特》94
Hume, David 休谟, 大卫 54
Hyperbolus 希泊波洛斯 54—55

Imperium 治权 20, 65—66, 87, 129—130, 134
Isegoria 言论自由 139
Isocrates 伊索克拉底 108—109, 114
Isonomia 法律面前平等 139
Itanos (Crete) 伊塔诺斯（克里特）109
Iudicium populi "人民的审判" 89
Ius sacrum "圣法" 9, 4

Justice 司法 88—89, 132; see also

courts of law 也见法庭
Kaser, Max 卡泽尔,马克斯 7
Kelly, J. M.: *Roman Litigation* 凯利,J. M.:《罗马的诉讼》6—7
Kerykes (family) 克里克斯(家族) 94
Kings (Sparta) 国王(斯巴达) 59, 62, 66

Laelius 莱利乌斯 128
Lamachus 拉马科斯 67—68
Land: shortage 土地:短缺 33, 108; as political issue 作为政治问题 9; redistribution and emigration 重新分配与移民 109—114
Laski, Harold 拉斯基,哈罗尔德 8, 24
Laureion 劳里昂 16
Law: Rome 法律:罗马 6—7; written 成文的 30—31; constitutional 政体法 56; Athens 雅典 102, 107; and class disparity ～与阶级间的差别 107—108; rule by 依～而治 134—136; equality before～面前平等 138—139
Leaders, leadership 领袖,领导权 31, 62—68, 70, 82, 113, 119
Leges tabellariae "投票法" 112
Legitimacy (of regime) 合法性(制度的) 122—125, 131—134
Leontini 莱翁提尼 109

Leuctra 纽克特拉 116
Lex annalis (180 B. C.) 公元前 180 年任职年限法 99
Liberty 自由 138—139, 141
Lictors 侍从 65, 95
Lintott, A. W. 林托特,A. W. 5
Literacy 识文断字 28—31
Liturgy (*leitourgia*) "公益捐助" 36—40
Livy: on Cincinnatus, 李维:记叙辛辛那图斯 13; on Bacchic rites 记叙酒神信徒案 20—21; on Roman navy 记叙罗马水师 38; on triumph 记叙凯旋式 66; on patrician-plebeian struggle 记叙贵族-平民的斗争 89; on Senate manoeuvres 记叙元老院的操纵 91—92; on public agitation 记叙公共骚动 105; on military obligation 记叙军事义务 135; *History*《罗马史》98, 100—101
Locris 洛克里斯 57
Lotze, D. 洛泽,D. 74
Lycurgus 莱库古 30, 133
Lysias 吕西阿斯 36, 106

Macedon 马其顿 37, 49, 98—99, 116—117
MacIntyre, A. 麦金太尔,A. 125—126
Magistrates (Rome); and *senatus*

consultum ultimum 高级官员（罗马）：～与"元老院最后决议"5; corruption 腐败 7; power 权力 20, 58, 65, 85—87, 107, 131, 134, 137; and Senate ～与元老院 56; term of office 任期 88

Mantinea 曼提涅亚 42—43

Marathon 马拉松 16

Marius, Gaius 马略,盖乌斯 59, 68

Marxism 马克思主义 9

Massalia（Marseilles）马赛利亚（马赛）104

Materialism 物资状况 32—33

Meier, Christian 迈耶,克里斯提安 97

Messenia 美塞尼亚 16, 111, 116

Metabole politeion "政体的轮回" 101—102

Miletus 米利都 110

Militia 民兵 17, 19, 22, 58—61, 67, 129; see also army 也见军队

Mill, John Stuart 密尔,约翰·斯图亚特 28

Milo 米洛 117

Miltiades 米尔提阿德斯 1, 115

Mithridates 米特拉达梯 120—121

Momigliano, A. D. 莫米里亚诺,A. D. 139

Mommsen, T. 蒙森,T. 20, 56, 88, 128

Moneylending 借贷 109

Montesquieu, Charles de Secondat, Baron de 孟德斯鸠,查尔斯·德·塞康达,男爵 35 页注, 58

Moore, Barrington 摩尔,巴林顿 35—36

Mos maiorum 祖宗习俗, 25—26, 31, 45, 45, 49, 64, 95

Munificence 慷慨 83; see also patronage, community 也见庇护,共同体

Munus 义务 38

Mytilene 米提林 59

Nabis, King of Sparta 那比斯,斯巴达国王 116

Navies 水师 19, 38, 68, 101

Newman, W. L. 纽曼,W. L. 1—3, 9

Nexum 债务奴役 111

Nicias 尼基阿斯 54, 113

Nicolet, C. 尼科莱, C. 13, 19

Nilsson, Martin 尼尔森,马丁 95

Nobilitas, 显贵 14

Nomos 习惯 25, 31, 64, 71 页注, 95, 132

Nomothesia "立法委员会" 71 页注, 102

Numa, King 努马,国王 26

Oakeshott, Michael 奥克肖特,迈克

尔 51

Oaths 誓词 94

Oligarchies: as system 寡头政体:作为制度 1,7,39,63; stable 稳定性 27; and wealth accumulation～与财富积累 33; public service in ～下的公共服务 34—36; and conquest ～与征服 61; and Roman assemblies～与罗马公民大会 91; Athens coup (411 B.C.)雅典的政变(公元前 411 年) 102; and constitutional change ～与政体变革 104,106,108; and rule by law～与法治 136; responsibility 责任制 140

Oracles see divination 神谕,见占卜

Ostracism, ostraca 陶片放逐法,陶片 50,53—55,64,102,118

Outlaws 歹徒 3

Panaetius of Rhodes 罗德斯的帕奈提奥斯 127

Patricians, patriciate 贵族 3,12—14,89; see also aristocrats; class; elite 也见贵族;阶级;精英

Patronage, community 庇护,共同体 34—35,39—41,43,45—46,48,107

Peasants 农民 40—41,72—77,75,82—83,106

Peloponnesian War 伯罗奔尼撒战争 24,32,59,62,67,75,109

Pericles: and poor 伯里克利:～与穷人 1; and city-state ～与城邦 12; and patronage ～与庇护制 40,42; and aristocratic rule～与贵族统治 47; Plutarch on 普鲁塔克论 ～ 53; and army command, ～与军事指挥 59, 67—68; Funeral Oration 葬礼演说 73,134—135; and debate ～与辩论 76,80

Philip II, King of Macedon 腓力二世,马其顿国王 78—80,109,114—115

Phoenicians 腓尼基人 53

Pisistratus, Pisistratid tyranny 庇西斯特拉图,庇西斯特拉图家族的僭主政治 16,42,46—47,55,102

Plancius, Gnaeus 普朗基乌斯,格内乌斯 48

Plato: on government and the poor 柏拉图:论政府与穷人 1,34; and acceptance of political order ～与对政治秩序的接受 27; and education ～与教育 28; on politics 论政治 51; and political participation～与政治参与 72,75; on "good old days"论"美好

的过去"115; on Sophists 论智者 123; and political analysis ~ 与政治分析 124—126, 132, 137; *Apology*《申辩篇》135; *Crito*《克里同》135; *Gorgias*《高尔吉亚篇》2.34; *Laws*《法律篇》12, 43, 108—109, 124, 128; *Protagoras*《普罗太戈拉篇》139; *Republic*《理想国》12, 128, 137

Plebeians 平民 14, 89

Pliny the elder 老普林尼 87

Plutarch 普鲁塔克 4, 50, 89, 103, 105, 129 页注; *Aristides*《阿里斯提德传》50; *Coriolanus*《科里奥拉努斯传》89; *Moralia*《道德论集》53; *Nicias*《尼基阿斯传》54; *Political Precepts*《政治箴言》52

Police 警察 18, 20, 24

Polis, poleis 城邦 7, 10—11, 35, 122—125, 133; see also city-state 也见城邦

Politics: define 政治: 含义界定 51—53; beginnings 开端 53—54

Polybius 波利比乌斯 19, 27, 58, 101, 108, 127—128, 130

Pompey 庞培 59, 118

Poor: relief for 穷人: 得到救济 33—34; see also class (social) 也见阶级(社会)

Populations 人口 59—60

Populus 人民 2

Power 权力 8—9, 12, 25, 43, 52, 118—119

Powers, separations of 权力分立 58

Praetors 副执政官 39, 86, 91, 140

Priests 祭司 93

Protagoras 普罗太戈拉 124, 125 页注, 139

Prytaneis 主席团 74, 78 页注

Psephisma 法令 71 页注

Ptolemies 托勒密 132

Public opinion 舆论 6

Publicani 公共承包人 15

Punic Wars: 2nnd 布匿战争: 第二次~ 112; 3rd 第三次~ 56

Quaestors 财务官 90

Religion (and gods) 宗教(与诸神) 26—27, 38, 66, 93—94, 130, 132; see also divination 也见占卜

Res publica 论《共和国》3, 25, 131—132

Revolutions see civil war 革命, 见内战

Rhetoric, schools of 修辞, ~学校 25—26

Rhodes 罗德斯 16，116
Rich and poor *see* class (social) 富人与穷人，见阶级（社会）
Riots *see* civil war 骚乱，见内战
Rome：class in 罗马：～的阶级 2—3，12—14；armed violence，武装暴力 4，；system of government 政府体系 4—5；law and idea of state 法律与国家观念 6；city-states in 作为城邦 11—12；aristocracy in ～的贵族政体 12—14；and citizenship ～与公民权 15，17—18；foreign territorial domination and settlement 对外部领土的统治与定居 16—17；army and military service 军队与服役 17，19，21，24，38，59，68，99，112—113，119—120，129—130，141；size and population 面积与人口 18，59—60，63，85；police 警察 18，20；magistrates' power in 高级官员在～的权力 20，27；civil war 内战 22，99；stability and continuity 稳定性与连续性 24—26；84，106，134；education 教育 25—26，28；gods and religion 神灵与宗教 26—27，38，66，94—95，130；literacy 识文断字 30—31；law 法律 30—31，56；taxation 税收 32；as conquest-state 作为征服型国家 33，61—63，106，113—115，120，129；land hunger 土地短缺 33；supply 供应 33；public financing 公共财政 37—39；navy 水师 38；games and festivals 赛会与节日 39，87；clientele 被庇护人 41；voting procedures and practice 投票程序与实践 43，48—49，53，89—92，112；patronage 庇护关系 48—49；military successes 军事上的成功 49；Cicero letters on 西塞罗的书信论～ 51；political institutions and offices 政治制度与官职 52—54，56—58，63，65—66，85—88；wars 战争 60；political and military leadership 政治和军事领导权 64—68，140；triumphs 凯旋式 66；electoral regime 选举制度 70，107；political participation and behaviour 政治参与和行为 84—96；public demonstrations and agitation 公众游行与骚动 91—92；divination and portents 与征兆 92—95；elections and political issues in ～的选举与政治问题 97—101；constitutional conflicts and changes 政体冲突与变革 101，107；debts and land distribution 债务与土地分配

111—112，114—115；and appeal of war ～与诉之战争 113—114；conservatism and "good old days" 保守主义和"美好的过去" 115；supremacy 霸权 116；political conflict and change 政治冲突和变革 117—120；as exploitative state 作为剥削型国家 120—121；allegiance to 对～的忠诚 123；political analysis and reflection in ～的政治分析和反思 126—129；ideology 意识形态 130—131，141；popular obedience 大众服从 141；and liberty～与自由 141

Romulus 罗慕路斯 26，133

Roussel, Denis 胡塞勒，德尼 45

Sacramentum 神圣誓言 130

Sacred Band (Thebes) "神圣军团"（忒拜的）19

Sallust 撒路斯特 22，128

Samos 萨摩斯 103，109

Saturninus 萨图尔尼努斯 4，117

Scipio Aemilianus 西庇阿·埃米里亚努斯 91，112，127—128

Scipio Nasica 西庇阿·那西卡 5

Senate (Rome)：and republic 元老院（罗马）：～与共和国 4—7；and civil disorder ～与内政失序 21；powers 权力 25，52，56；service in 在～的服务 58；membership 成员资格 88；and popular opposition～与民众的反对 91—92；and divination ～与占卜 102；and effect of elections ～与对选举的影响 98；and Bacchanalians ～与酒神崇拜案 100；and policy～与政策 114；incompetents in～中的无能者 140

Senatus consultum ultimum "元老院最后决议" 3—6，130

Servius Tullius, King of Rome 塞尔维乌斯·图里乌斯，罗马国王 115

Shklar, Judith 史珂拉，朱迪 70

Sicily：Athenian expedition to 西西里：雅典对～的远征 21，94，113，122；as Roman province 作为罗马行省 33；Greek communities in～的希腊人共同体 53；and conquest ～与征服 61

Silver mines 银矿 16

Slaves：and social structure 奴隶：与社会结构 9；rights of freed 被释奴的权利 17—18；as police 作为警察 20；in city-states 在城邦中 41；political exclusion 政治上的被排斥 84；and Roman citizenship ～与罗马公民权 87；freeing of ～的释放 109；and

free men ～与自由人 138
Socrates 苏格拉底 28，52，67，76，125，129 页注，135
Solon：on class 梭伦：论阶级 1—2，13，46；Dionysius on 狄奥尼修斯论～ 12；establishes first Athens council 建立雅典第一个议事会 57；and debts～与债务 107，109；and stasis～与冲突 111 页注
Sophists 智者派 28，123，132
Sophocles：Antigone 索福克勒斯：《安提戈涅》125
Sovereignty 主权 7—8
Sparta：as city state 斯巴达：作为城邦 12，62；foreign territorial domination and settlement 对外部领土的统治与定居 16，71，106，111；class in～的阶级 16；military service 军役 19；stability 稳定性 24，106；and education ～与教育 28；and Mantinea，～与曼提涅亚 42—43；military successes 军事上成功 49；political institutions 政治制度 57；and power of military ～与军事强国 58—59；size 领土面积 59；political system and leadership 政治制度和领导权 59—60，62，66；wars and military activities 战争与军事活动 60，129—130；citizenship 公民权 62；war with Athens 与雅典的战争 73，113，122，125；constitutional changes 政体变革 103；supremacy and decline 霸权与衰落 116；and Rome ～与罗马 129—130；ideology 意识形态 131
Speech，freedom of 言论自由 29，139
Stasis 冲突 4；Aristotle on 亚里士多德论～ 10，105—106，108—109，111，116；and allegiance～与忠诚 123；in Rome～在罗马 129，134；and legitimacy ～与合法性 133；and rule by law～与法治 136
State，the：Roman 国家：罗马人的 3；Aristotle on 亚里士多德论～ 6；and government～与政府 7—9，18；support for poor 对穷人的支持 33—34；and politics～与政治 51—52；and legitimacy ～与合法性 122—123
Stoics 斯多葛派 128
Strategoi 将军 57—58，67，71 页注，78 页注，102，140
Subversion（and civil disorder）颠覆（与内政失序）21—22，24；see also civil war 也见内战
Sulla 苏拉 59，117，120

Sumptuary laws 反奢侈法 100
Syme, R. 塞姆, R. 119, 121
Syracuse 叙拉古 103, 126 页注

Tables, XII (Rome)《十二铜表法》（罗马）107
Taxation 税收 32—33
Taylor, Lily Ross 泰勒, 莉莉·罗斯 89, 118
Thebes 忒拜 16, 19, 79, 103, 116
Themistocles 地米斯托克利 1, 50, 55, 115
Thera 特拉 110 页注
Theseus 提修斯 102, 133, 136, 138—139
Thessaly 帖撒利 16
Thirty, tyranny of the "三十僭主" 102
Thucydides: and politics 修昔底德：与政治 54; on Corcyra 论科西拉 61; on Cleon 论克里昂 67; on popular participation 论民众参与 73, 75, 80; and Assembly ～与公民大会 76, 81—82; and Eleusinian protest ～与埃琉西斯祭司的抗议 94; on oligarchic coup 论寡头政变 102; on constitutional changes 论政体变革 103; on Nicias and Sicilian expedition 论尼基阿斯和西西里远征 113; and Alcibiades ～与阿尔基比阿德斯 122; political analysis in ～著作中的政治分析 123; on fear and illegal acts 论恐惧和非法行为 134
Timaeus: History 蒂迈欧:《历史》103
Timouchoi 尊荣者 104
Treason 叛国罪 122—123
Tribe, tribes 部落, 部落（复数）45—48, 53, 85, 87, 90
Tribunes (Rome) 保民官（罗马）86, 99, 107
Tribute 贡金 32, 76—77
Triumphs (formal) 凯旋式（正式的）66, 90, 95
Tumultus "紧急动员令" 22 页注
Tyranny, tyrants 僭主政治, 僭主 1, 4, 32, 61, 101, 111, 129; see also Pisistratus 也见庇西斯特拉图

Urbanization 城市化 60

Veto 否决权 53, 86
Veyne, P. 维恩, P. 39
Violence (armed) 暴力（武装的）4—5
Vlastos, G. 弗拉斯托斯, G. 126
Walzer, M. 瓦泽尔, M. 29
War: and political leadership 战争：与政治领导权 58, 66, 113;

effect on politics 对政治的影响 60; normality of 常规性 60, 101, 106, 113, 129; declarations of 宣战 86, 90; Roman conduct of 罗马的~组织 90—91, 100, 113; conscription 征兵 112—113; and religion~与宗教 130; *see also* army 也见军队

Weber, Max 韦伯,马克斯 121, 133

Women: political exclusions 妇女:政治上的被排斥 9, 84; in public demonstrations 在公开游行中 100

Xenophon 色诺芬 42—43, 52, 103, 123, 135

图书在版编目(CIP)数据

古代世界的政治/(英)芬利著;晏绍祥,黄洋译.—北京:商务印书馆,2013(2019.12重印)
(汉译世界学术名著丛书)
ISBN 978-7-100-09637-9

Ⅰ.①古… Ⅱ.①芬… ②晏… ③黄… Ⅲ.①政治制度史—研究—世界—古代 Ⅳ.①D59

中国版本图书馆 CIP 数据核字(2012)第 271595 号

权利保留,侵权必究。

汉译世界学术名著丛书
古代世界的政治
〔英〕M.I.芬利 著
晏绍祥 黄洋 译

商务印书馆出版
(北京王府井大街 36 号 邮政编码 100710)
商务印书馆发行
北京中科印刷有限公司印刷
ISBN 978-7-100-09637-9

2013 年 1 月第 1 版　　开本 850×1168　1/32
2019 年 12 月北京第 3 次印刷　印张 7⅜
定价:22.00 元